一番わかりやすい
はじめてのインド占星術

# 印度
# 占星學

## 從古老智慧傳承中找出靈魂的方向

村上幹智雄 作者　　　Shion 譯者

星空凝視占星學院教務主任
陳紅穎Rose Chen ——— 審定

楓葉社

## 你可曾思考過人生的意義或目的？

大家好，我是星慧學研究室的主持人幹智雄。

隨著近來實際感受到世界性的變化或時代的變遷，愈來愈多的人追求起符合自己的人生或靈性生活方式。與此同時，知曉人生意義或目的的「命運學問」印度占星學也受到了關注。

由於印度占星學能從「命運」的觀點提供準確的建議，因此凡事在下達出路、工作、婚姻等人生重大決定之際就會需要它，在印度可說是十分親近的存在。

印度占星學最大的魅力，在於能讓我們得知在自己誕生前就已經擬定的「靈魂計畫」。能從宇宙法則客觀地檢視自己，揭開隱藏的本質。換言之，能讓你了解何謂真正的「像自己」。

你或許會認為印度占星學比西洋占星術還困難。因此在本書中下了許多工夫，藉由運用豐富的插畫、圖解、案例，好讓初學者也能簡單明瞭地學習基本精髓。

願你也能察覺自己的靈魂本質，過著充滿喜悅的人生。

# CONTENTS

PART 1

## 光之科學
## 印度占星學
## 的基礎

PART

# 開始

---------------------------------

# 學習

---------------------------------

# 印度占星學

PART 3

# 試著解讀自己
## 的人生

PART

# 透過印度占星學
## 與阿育吠陀
### 檢視體質

COLUMN

卷末資料

# PART 1

# 光之科學

# 印度占星學

# 的基礎

印度占星學能占卜什麼事？與西洋占星術之間有何差異？
本章將由基礎開始解說。

# 什麼是
# 印度占星學？

## 雖是占卜又不是占卜？
## 深奧印度哲學的一部分

印度占星學的印地語為「Jyotish」，意思是光之科學、光之知識。說起「占卜」，在日本或許會有人將其視為一種娛樂，但在印度則並非如此。由於運用了邏輯性及數學性技法具體且銳利地解析，因此被視為「科學」、「知識」。

印度占星學認為我們的人生受到天空中的星辰或行星影響。這是基於將人類也視為宇宙一部分的哲學思想所致。若是學習這類哲學思想，就會得出「包括人類在內的自然界為一個有機體，一切都是彼此相連的生命體」這樣的觀點。透過印度占星學，我們可以了解自己誕生的意義或目的、課題，加深對自己的理解，並與自己的「內在聲音」連繫。

# 成為「照亮人生的光芒」的占卜

原來如此。自古以來，星光的確一直都是指引旅人應朝著何方前進的路標呢！

印度占星學中所謂的「光」，指的既是照亮人生遠方的希望之光，同時也是存在於意識深處的「內在智慧」。

就像不管地面上的天氣如何，雲層上永遠是晴空萬里一般，這項自然法則也適用於人生。工作、戀愛、應當前進的道路……每天都有無窮無盡的煩惱或令人擔心的事，但只要衝破雲層，總會有名為「我」的太陽光輝燦爛的世界在等著。要不要讓作為照亮人生的「路標」──印度占星學來讓你的人生燦爛發光呢？

# 了解自己的
# 「最強工具」

**明白人生中最為重要的「讓自己獲得幸福的方法」、**
**「最大限度地自我發揮的方法」**

　　印度占星學非常具邏輯性，能客觀檢視個性、能力、才華或主題等事物。何時會感到幸福或悲傷、擅長或不擅長什麼事情、想成為怎樣的自己——不覺得只要了解何謂「像自己」，就能找出最大限度地發揮自己的方式嗎？現代印度的知名占星術家 K・納拉揚・拉奧（Kotamraju Narayana Rao）曾如此講述學習占星術的意義：

　　「占星術能賦予我們綜觀構成人類肉體、心、智慧、精神性這些事物的洞察力。一邊綜觀人類的內在，同時宏觀世間整體，這正是真正帶來和諧與安寧的方式。」

# 印度占星學的五大領域

## 1 檢視命運

| 本命<br>（Jataka） | 英文名稱<br>Natal |
|---|---|

使用一個人出生時的天體配置，檢視其命運、特質、能力、婚姻、工作。

*此為本書講授的主題。*

## 2 檢視年運

| 太陽回歸<br>（Varshaphal） | 英文名稱<br>SolarReturn |
|---|---|

使用太陽回歸到個人出生時位置的天宮圖，檢視個人的年運。

## 3 檢視吉凶

| 卜卦<br>（Prashna） | 英文名稱<br>Horary |
|---|---|

根據諮詢時的日期、時間及地點製作天宮圖，檢視吉凶。

## 4 選定吉日

| 擇日<br>（Muhurtha） | 英文名稱<br>Electional |
|---|---|

選定人生重大事件（婚禮、契約、手術等）的吉日。

## 5 預測社會現象

| 世運<br>（Samhita） | 英文名稱<br>Mundane |
|---|---|

社會占星術。預測政治、經濟、天候、地震、瘟疫、戰爭、飢荒等社會現象。

# 光之科學
# 所顯示的命運

## 輪迴、轉世、業的法則——
## 我們會為了讓靈魂成長而反覆轉世

在印度占星學中，認為一個人前世的所作所為會決定這輩子的命運。這是基於「輪迴轉世」——死後回到另一個世界的靈魂，會反覆投胎轉世到這世界上的思想。你能過著怎樣的命運，端看前世的「業」（Karma）而定。「Karma」一詞原本是「行為」之意，日文翻成「業」。

如同播在土壤中的種子會開花結果，自己的行為不分好壞，都會回報到自己身上，這就是業的法則。為未來播下種子的行徑十分重要，然而，那並非一定能導向豐收。土質如果不夠好，根可能就會無法伸展而枯萎，返回己身的若是惡業，那就是「靈魂」這片土壤尚未成熟的證據。一個人會過著怎樣的命運取決於業，而業便記載在印度占星學中。

# 我們與業一同輪迴

## 轉世

當前世的「樹」（肉體）枯萎時，記錄了前世行為的業之「種子」就會回歸土壤（靈魂）裡。

今生如果長成壞樹，就會結出壞的種子；長成好樹就會結出好的種子回歸土壤（靈魂），下輩子再次重複同樣的情況，一再輪迴。

土壤（靈魂）作為新的植物（肉體）轉世到今生。業之種子會一邊重現前世行為，一邊培育，扎根於土壤（靈魂）中，抵抗著風雪逐漸成長。

業本身並無善惡概念，而是將自身行為原原本本地返回其身，就是如此簡單的法則。如果想過著幸福的人生，藉由「靈魂所追求的，自己真正想做的事」，令自己及他人都獲得幸福是最好的，你的人生將會因此變得更加豐富。

# 占卜結果是
# 既定的命運？

**占星術顯示的是可能性。**
**即使拿到鑰匙，如果不親手解鎖，門依然無法開啟**

　　天宮圖（出生星盤）上記載著與生俱來的業。既然如此，我們的命運都是由業來決定的嗎？答案是「NO」。據說印度占星學中既定的命運占了 70～80%，其餘的則是交由「自由意志」來決定。

　　比如說，即使顯示出「將於三十歲左右與教育相關職業的人結婚」這種命運上的可能性，究竟要不要結婚、能否建立起深厚的愛情羈絆，則是能靠自由意志來改變的。不過理所當然地，占星術僅是傳達可能性，如果只是乾等著邂逅而不採取任何行動，還是結不了婚。也就是說，即使拿到了鑰匙，如果不伴隨著親手解鎖這種積極的行動，門依然無法開啟。

# 命運無法違抗嗎？

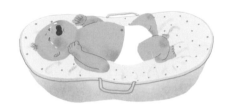

## 命運也有可以改變之處

我們的靈魂獲得這輩子的肉體，進入其中，選擇誕生時辰及父母後降生於世（轉世）。自己的生日或父母自出生起就無法改變──存在著這般無法違抗的命運。若要比喻，就像是決定好了戲劇情節大綱、分配到的角色及拍攝期間。不過也有能隨著自己的意志修改的內容，比如說臺詞、服裝或拍攝日程等。

# 什麼事能交由自由意志來決定？

## 負責打磨人生的人是自己

有時候，即使天宮圖顯示婚姻運佳，仍會有夫妻關係不睦。要忍耐並接受這樣的命運，抑或是藉由精神上的成長來改變成更好的關係，就屬於自由意志的領域。有的人即使婚姻運不佳，卻註定事業有成，如何掌握幸福取決於自己本身。能否成功打磨名為命運的原石，使其成為寶石，端看自己內在方面的成長程度。

在印度占星學中，據說「無法改變的命運：可藉由自由意志改變的命運＝約7:3」喔！

# 透過印度占星學了解的事

藉由印度占星學來解讀前世的業的結果，
會對我們的人生帶來怎樣的影響？
在檢視個人命運的本命盤上，會顯示以下內容。

## 可於本命盤解讀的內容

### 自己本身
個性、先天的好運
或厄運、資質、家
庭、祖先、心理傾
向、心理創傷

### 人際關係
雙親、夥伴、配
偶、朋友、兄弟姊
妹、親戚、職場

### 戀愛與婚姻
邂逅、契合度、婚
姻、離別或離婚

### 孩子
出生時期、孩子的
特徵

### 工作
天職、適合度、就
職或換工作的時
期、成功、出人頭
地、商業頭腦

### 健康與疾病
容易罹患的疾病、
身體虛弱的部位、
潛伏期／發病／痊
癒時機

### 財運
金錢運、投資運、
土地或不動產運、
遺產運

### 競爭力
學業或考運、才
華、學習知識、在
社會發展的能力

### 靈性
精神性、宗教性、
思想性、信仰心、
精神性指導者運

# 本書中解讀的五大主題

## 自己的個性或才華、人生目標或方向

可得知與生俱來的個性或才華、人生目標或靈魂成長的方向。

## 家庭關係

可得知雙親、兄弟姊妹、自己的孩子的特質或個性。

## 職業適合度或天職

可從個性、才華、興趣得知適合你的職業或天職。

## 戀愛與婚姻

可得知容易喜歡上的異性類型、邂逅或容易步入禮堂的時期。

## 透過阿育吠陀檢視體質

通過結合 PART 4 中介紹的阿育吠陀（Ayurveda）知識，也可解讀你的體質或容易罹患的疾病。

# 源自於古印度的深奧真理

**具有長達約五千年的歷史，**
**並以口傳方式流傳至今的祕藏知識**

　　印度占星學的知識自古以來都是以口傳方式傳承的。其建立年代眾說紛紜，有幾千年前甚至幾萬年前的說法。現存最古老的印度占星學文獻，是獲得天啟的聖者帕拉薩拉（Parasara）於約五千年前所撰寫的《Brihat Parashara Hora Shastra》。

　　構成印度哲學基礎的「吠陀」（Veda，請參照右頁）思想，對於印度自古流傳至今的宗教、文化傳統幾乎都有影響。阿育吠陀（醫學）、瑜伽（心理學）也是吠陀教誨的一部分。而印度占星學（天文學）則是為了正確理解吠陀而準備的輔助學問之一。即使是在現代，印度仍有國家機構或大學將占星術作為一門學問來教授。

# 印度占星學從此處誕生

## 何謂印度哲學的基礎「吠陀經」？

所謂的「吠陀」意指「知識」，為紀元前一千年左右至紀元前五百年前之間，於印度編纂的文獻總稱。內容是將被稱作仙人（Rishi）的古印度先賢在冥想中接收到的天啟、宇宙的根本原理統整而成。

## 神祇或聖人也有天宮圖！

| | | | |
|---|---|---|---|
| 木星<br>（Ju） | | 上升（As）<br>月亮（Mo）<br>計都（Ke） | |
| | | | 太陽<br>（Su） |
| 火星<br>（Ma） | | | |
| | 羅睺<br>（Ra） | 金星（Ve）<br>土星（Sa） | 水星<br>（Me） |

印度神祇
黑天

### 俘虜所有女性的心的英俊神祇

上方的天宮圖是印度教中十分受歡迎的神祇——黑天的天宮圖。在印度，就連黑天或釋迦牟尼等古印度神祇或聖人的天宮圖，也會留存於傳說中。

# 占星術從古至今 皆是科學

**毫無隔閡的天文學與占星術，
兩者都源自於「天文觀測」**

　　自古以來，世界各地都會觀測天空，據說占星術的起源能追溯到西元前。在古代、中世紀歐洲時代，並未將天文學與占星術拆開，占星術在西方也與被稱作「光之科學」的印度占星學一樣被視為科學。

　　古代的人們會觀察太陽或月亮等依循規則運行的星辰，製作曆法，這成了天文學的基礎。曆法會活用於農耕上，並與祈求豐收的祭典儀式相結合。後來，先人也注意起於太陽系中運行的其他星辰，並藉此發展了占星術──從星辰運行或其象徵推測其對人類、國家、社會整體造成的影響。占星術與天文學相同，可說是解讀宇宙法則的科學。

# 那名科學家也曾研究過占星術！

「醫學之父」古希臘醫師

不懂占星術的人就不是醫師，
而是傻子。

希波克拉底著眼於自然治癒力，在他所
留下的醫學記錄中記載著，行星週期與
身體疾病及痊癒有著密切的關聯。

**希波克拉底**
（西元前460年左右～
西元前370年左右）

---

德國天文學家暨數學家

星體在占星術上的影響十分有說服力，
唯有從未驗證過這點的人才會加以否認。

令地動說變得完整的克普勒，在天文學
及占星術尚未完全分離的時代，也曾有
一段時期以擔任占星術師為生。

**約翰尼斯・克卜勒**
（1571～1630年）

---

英國科學家

當徒弟詢問「您為什麼相信占星術？」
時，我回答對方「我研究過相關主題，
你沒研究過吧？」

一六六三年夏天，牛頓由於無法理解出於好奇而購
買的占星術書籍中使用的算式，因此開始學習數
學。並在僅僅兩年後，得出了「萬有引力」的概念。

**艾薩克・牛頓**
（1642～1727年）

---

歷史上有不少知名科學家，透過自己的研究得出宇宙法則。日本太空
探索之父絲川英夫博士也是熱衷於此的占星術研究家之一。

# 對印度人而言，
# 占星術為何？

**占星術是適用一輩子的事物，個人、商務、**
**國家方面都會善加應用**

在印度自古以來有個習俗，當孩子出生時會請占星術師前來，為這孩子占卜一生中會發生的所有事件。內容囊括了健康、人際關係、婚姻或職業等眾多方面。讓占星術師傳達在生活各方面上會帶來變化的具體事件，好作為孩子的人生指南針。

在相親結婚如今仍十分普遍的印度，決定婚姻（對象）時一定會占卜契合度，因占卜結果不佳而解除婚約也是家常便飯。最近因自由戀愛而結婚的年輕人似乎逐漸增加，但聽說離婚率也很高。此外，還有一個令人興致濃厚的插曲，據說印度於一九四七年建國時，獨立的時刻是根據占星術師的意見來決定的。就像這樣，占星術會被運用於面臨重要決定的關鍵時刻上。

# 伴隨人生的占星術

出生後
立刻請人占卜。

商量出路。

婚姻契合度。

在人生中的
每個關鍵時刻！

在印度，占卜會運用於人生的各種場合，比如說決定出路或換工作時、疾病或結婚時等，占星術師會具體地提供建議，包括如何迴避不好結果的計策等。此外也常運用在創業時機、擬定事業計畫、簽訂重要契約等商務目的上。要不要試著把印度占星學活用於我們的人生當中呢？

# 與西洋占星術之間有何差異？ 其①

## 你的星座在印度與西洋占星術中不一樣？
## 決定十二星座起點的星座系統差異

「決定十二星座起點（白羊座 0 度）的座標不同」，這就是印度占星學與西洋占星術最大的差異。印度占星學使用的是以位於銀河系的恆星群為基準，決定白羊座 0 度的「恆星黃道」（請參照右頁）。特徵在於使用座標與夜空中的星座幾乎相同的星座，並以不會移動的恆星位置為基準。

另一方面，西洋占星術使用的大多是將太陽於春分之日所在位置（春分點）訂為白羊座 0 度的「迴歸黃道」。作為基準的春分點會因為地球的歲差運動，而以每七十二年 1 度的比例，每年一點一點地逆行，導致黃道整體是會持續移動的。因此十二星座的座標在印度占星學與西洋占星術中有所差異，目前產生的偏差約為24度。

## 截然不同的星座系統

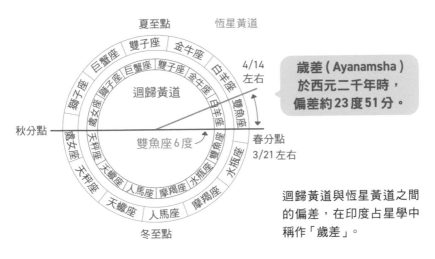

歲差（Ayanamsha）
於西元二千年時，
偏差約 23 度 51 分。

迴歸黃道與恆星黃道之間
的偏差，在印度占星學中
稱作「歲差」。

## 伴隨人生的占星術

| 西洋占星術<br>（迴歸黃道星座） | 太陽星座 | 印度占星學<br>（恆星黃道星座） |
|---|---|---|
| 3月21日～4月19日出生 | 白羊座 | 4月14日～5月14日出生 |
| 4月20日～5月20日出生 | 金牛座 | 5月15日～6月14日出生 |
| 5月21日～6月21日出生 | 雙子座 | 6月15日～7月16日出生 |
| 6月22日～7月22日出生 | 巨蟹座 | 7月17日～8月16日出生 |
| 7月23日～8月22日出生 | 獅子座 | 8月17日～9月16日出生 |
| 8月23日～9月22日出生 | 處女座 | 9月17日～10月17日出生 |
| 9月23日～10月23日出生 | 天秤座 | 10月18日～11月15日出生 |
| 10月24日～11月21日出生 | 天蠍座 | 11月16日～12月15日出生 |
| 11月22日～12月21日出生 | 人馬座 | 12月16日～1月14日出生 |
| 12月22日～1月19日出生 | 摩羯座 | 1月15日～2月12日出生 |
| 1月20日～2月18日出生 | 水瓶座 | 2月13日～3月14日出生 |
| 2月19日～3月20日出生 | 雙魚座 | 3月15日～4月13日出生 |

# 與西洋占星術之間 有何差異？其②

## 重大特徵之一是使用的行星、 重視的行星、其背後思想上的差異

　　兩種占星術的共通點在於同樣使用了太陽十二星座，且各星座的含義也幾乎相同。印度占星學的不同之處在於會使用將天空分割成二十七份的二十七星宿（月亮星座），不過使用的行星均為實際存在於太陽系中的天體，這點則是相同的。但在印度占星學中不會使用近代才發現的天王星、海王星、冥王星（土星外行星）。此外，其另一個特徵為十分重視主要使用的天文學特殊點「上升點」、「羅睺」、「計都」。

　　兩者在思想上也有極大的差異。西洋占星術重視在世上的成功、發展，而印度占星學重視的則是精神方面的成長。這點也與重視的行星為太陽或月亮這項差異有著直接的關聯。

# 印度占星學與西洋占星術的差異

|  | 印度占星學 | 西洋占星術 |
|---|---|---|
| 星座系統 | 恆星黃道 | 迴歸黃道 |
| 分割天空方式 | 十二星座<br>二十七星宿（月亮星座） | 十二星座 |
| 使用行星 | 太陽、月亮、火星、水星、木星、金星、土星 | 太陽、月亮、火星、水星、木星、金星、土星、天王星、海王星、冥王星 |
| 主要使用的天文學特殊點 | 上升點、羅睺（西洋占星術中又稱「龍頭」）、計都（西洋占星術中又稱「龍尾」） | 上升點、天頂（Medium Coeli、MC） |
| 背後思想 | 重視精神方面的成長 | 重視物質世界中的成功 |
| 重視的行星 | 月亮 | 太陽 |

## 世界觀上有所差異

### 印度占星學

重視精神方面的成長。藉由與「高次元意識」連繫以尋求幸福。

### 西洋占星術

重視自我實現。透過在物質方面的成功、發展、自我滿足以尋求幸福。

重點放在月亮
重視內心、情感等內在世界。

我的星座＝指的是月亮星座。

重點放在太陽
重視社會性、自我意識。

我的星座＝指的是太陽星座。

# 如何將印度占星學應用於人生之中？

**請試著藉由印度占星學的天宮圖，了解自己的本質，透過「靈魂、內心、身體」的特徵來解讀人生，以作為思考今後生活方式或願景的「契機」。**

## 本書指標

### 取得自己的天宮圖

運用印度占星學的相關網站或APP，**製作自己的天宮圖**。接下來就按照本書的步驟，填入所需資訊。為了讓初次接觸印度占星學或占星術的人也能輕易理解，本書會**將基礎內容分成〔STEP 1〕到〔STEP 5〕**讓讀者學習。每個步驟都會有運用天宮圖的相關解說，你可以根據內容，從自己的天宮圖檢視**人生傾向**（家庭、才華、工作、戀愛或婚姻）。

確認
PART 2
▶▶▶

## 試著解讀自己的人生

據説印度占星學比其他占星術更為準確。原因之一是印度占星學有著**使用稱作「大運」( Dasa ) 這種運用行星或星座來檢視命運週期**的方法。接下來會解讀在 PART 2 中所見的人生整體傾向,容易在人生的哪一時期發生。在人生的每一個關鍵時刻,可説是必定會有轉機造訪,藉由解讀可檢視中長期運勢的大運,即可確認你**目前的所在位置及今後的人生運勢**。十分推薦正在尋找符合自己的生活方式或全新願景的人。

確認
PART 3
▶▶▶

## 運用於診斷體質上

印度的傳統醫學「阿育吠陀」與印度占星學同樣源自於「吠陀」思想,因此有著密切的關係。接下來將會介紹從天宮圖上的行星配置,來檢視阿育吠陀體質的方法。在印度占星學中,存在著**行星等與身體的各部位相對應**的思考方式。這是稱作醫療占星術的領域,藉由解讀天宮圖上的行星狀態,以檢視**你的健康狀態與身體虛弱之處**。請一邊練習,一邊試著傾聽自己身體的聲音。

確認
PART 4
▶▶▶

# 記載於天宮圖上的人生

　　我幹智雄是在二十四歲時遇見印度占星學的，當時我前往印度聖地瑞詩凱詩（Rishikesh）旅行，邂逅了一名修行瑜珈的日本人，這就是契機。他為了修行開悟而學習印度占星學，我在他的介紹下，也得以見到印度占星學師。令人吃驚的是，關於我的人生，對方所敘述的內容有七成相符，非常不可思議。

　　在第二次印度旅行後，我開始自學印度占星學。某一天，我突然直覺地明白了自己的人生記載於天宮圖上。從原本認為「一個人的個性或命運並未天生註定」，到「一個人從出生時起，就已經根據宇宙法則而註定了一定程度的人生」，這項覺察的衝擊力之大，幾乎澈底顛覆了我的人生價值觀。

PART 2

# 開始

學習

# 印度占星學

在解說天宮圖、星座、行星等內容時，
同時解讀你的天宮圖。

# 解讀印度占星學的五個步驟

將從天宮圖的形式、星座與行星的含義到宮位的內容
分成五個階段，實踐性地學習吧！

## 在 PART 2 可了解什麼？

### STEP 1
**天宮圖、星座、行星**

印度占星學的天宮圖為獨特的四方形。在介紹其解讀方式時，同時也會解說星座含義、行星符號。並介紹可免費製作天宮圖的網站。

熟悉印度占星學獨有的
出生星盤形式吧！

確認天宮圖中
最為重要的三個重點！

### STEP 2
**上升點、月亮、太陽**

從上升點、月亮、太陽所在的星座來檢視一個人的個性及特質。試著一邊閱讀實例，實際解讀自己的天宮圖吧！

透過連接行星、宮位、
星座的相映了解的內容！

## STEP 4

### 行星組合

從相映的種類及含義，學習
堪稱印度占星學文法的解析
技巧。藉由連接詞彙串成文
章般，新的訊息就此誕生。

## STEP 5

### 顯示人生的十二宮位

印度占星學獨有的，以上升
點所在星座為第 1 宮的「宮
位」概念。透過分別分配給
十二宮位的人生重要主題，
來檢視自己人生中的課題。

宮位帶來的影響為何？
解讀人生主題！

## STEP 3

### 關於九個行星

介紹在印度占星學中使用的
九個行星各自的基本含義、
「吉凶」、靈性方面的含義
及「強度」。了解作為解讀
基礎的行星含義吧！

了解構成占星術
「根基」的星辰含義吧！

在本書中準備了許多讓你自己挑選關鍵字或
徵象的練習頁面。藉由選擇徵象，
可幫助你面對自己，更加了解自己喔！

# 天宮圖形式為
# 四方形

## 天宮圖為「靈魂計畫書」，
## 主要有兩種形式

　　投影了一個人出生瞬間的天體配置的平面圖（Chart），稱作「天宮圖」或「出生星盤」。即使平常不太會意識到，但地球是一邊自轉一邊繞著太陽公轉，而包括太陽在內，天空中的行星也總是在運行著。因此，可以根據於地球上的何時、何地誕生，而製作出專屬於一個人的天宮圖。有的人即使生日同一天，但只要出生地點或出生時間略有不同，就不會擁有同樣的天宮圖。

　　印度占星學中，天宮圖的主要形式分為南印度式與北印度式兩種，只是形式不同，內容是相同的。在本書中，會使用視覺上較容易理解的「南印度式」天宮圖來解說。

# 天宮圖分為北印度式與南印度式

| 雙魚座 | 白羊座 | 金牛座<br>Mo05:59 | 雙子座<br>Ju02:44 |
|---|---|---|---|
| 水瓶座 | | | 巨蟹座<br>Ke07:53 |
| 摩羯座<br>Ra07:53 | | | 獅子座<br>Ve10:26<br>Ma14:37 |
| 人馬座 | 天蠍座 | 天秤座<br>Sa03:46<br>As23:30 | 處女座<br>Su10:32<br>Me25:24 |

## 南印度式

十二星座的位置固定，左上角為雙魚座，從白羊座起以順時針方向排列。

行星與度數。Ve是金星的英文縮寫，其他行星的標記方式請參照41頁。英文縮寫旁的數字是度數，代表的是該行星在黃道星座上的度數。

## 北印度式

上升點的位置是固定的（中央上方），從上升點所在星座（編號）為起點，將星座逆時針排列。

上升點在這個位置。

顯示星座編號。

Su10:32
Me25:24
ASC23:46
Sa03:45
8
9
6
5
Ve10:26
Ma14:37
7
Ra07:53
10
4
Ke07:53
1
11
12
3 Ju02:44
2
Mo05:59

本書使用的是南印度式天宮圖，由於將星座以順時針排列方式配置，容易閱讀。另一個優點是容易檢視星座相映。

# 使用的星座是
# 熟知的十二星座

## 人的一生＝十二星座，靈魂成長週期的故事

　　古人將天上的星辰分成十二個星座。把從地球上看太陽的運行軌道稱作黃道，並因為木星繞行一周約需十二年時間，而將黃道分成十二等分，這就是十二星座的起點。在印度占星學中，木星正是顯示法（Dharma）的精髓的行星。先人們當時早已察覺，在天空的星辰中記載著人們的命運週期。

　　嚴格來說，占星術的星座與天文學上的星座概念相異。在占星術中，會將各星座位於天空的幅度設定為30度，但在實際的天空上，並不是每一個星座都是平均間隔30度。因此在占星術中，也會將星座以「Sign」或「宮」的稱呼來區隔。在本書中則使用各位熟悉的「座」這個講法。

# 星座上十二星座的位置

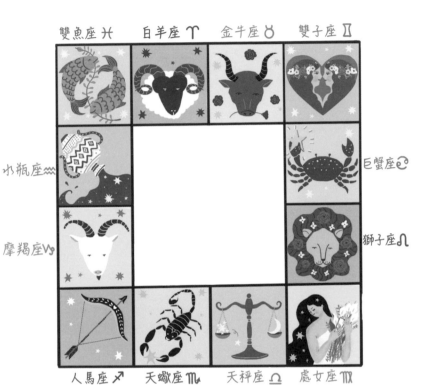

雙魚座 ♓　　白羊座 ♈　　金牛座 ♉　　雙子座 ♊

水瓶座 ♒

摩羯座 ♑

巨蟹座 ♋

獅子座 ♌

人馬座 ♐　　天蠍座 ♏　　天秤座 ♎　　處女座 ♍

在代表人生週期的十二星座中蘊含了非常深奧的意義。還有十二星座＝木星的十二年循環在傳到中國後形成了干支的說法。此外，星座一詞在印度語中稱作「Rasi」，天宮圖又稱「Rashi Chart」。

# 印度占星學中的
# 行星

## 主要使用九個行星，造成的影響根據公轉週期而異

　　印度占星學中所使用的行星共有九個，分別為太陽、月亮、水星、金星、火星、木星、土星，以及被稱作「影子行星」的羅睺與計都，並稱之為「九曜」（Navagraha，九個行星之意。在天文學上，太陽為恆星、月亮為地球的衛星，而羅睺與計都則為太陽與月亮軌道的交點，但在占星術上習慣全稱之為「行星」）。

　　這些行星有著「公轉週期」，木星的公轉週期約為十二年，水星為八十八天，土星則約有三十年。每顆行星的運行特徵也是解析時所需的要素。比如說，公轉週期短的太陽、月亮、水星、金星、火星對「個人特質」有強烈影響；另一方面，木星、土星、羅睺、計都這些公轉週期長的行星，則對於「世代的特質」具有遠勝於單一個體的影響力。

# 印度占星學中所使用的行星與符號

| 標記 | As | Su | Mo | Me | Ve | Ma | Ju | Sa | Ra | Ke |
|---|---|---|---|---|---|---|---|---|---|---|
| 名稱 | 上升點 | 太陽 | 月亮 | 水星 | 金星 | 火星 | 木星 | 土星 | 羅睺 | 計都 |
| 符號 | 無 | ☉ | ☽ | ☿ | ♀ | ♂ | ♃ | ♄ | ☊ | ☋ |

行星的名稱會以英文首字母或行星符號記載在天宮圖上。此外，在傳統的印度占星學中不使用「天王星」、「海王星」、「冥王星」，但本書中也會加以納入（詳情請參照92頁～）。

# 什麼是羅睺與計都？

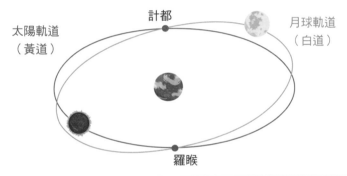

| 天文學 | 在印度占星學中的稱呼 | 在西洋占星術中的稱呼 | 在中國占星術中的稱呼 |
|---|---|---|---|
| 北交點<br>（North Node）、升交點 | 羅睺 | 龍頭<br>（Dragon's Head） | 龍首 |
| 南交點<br>（South Node）、降交點 | 計都 | 龍尾<br>（Dragon's Tail） | 龍尾 |

羅睺與計都並非實際存在的行星，而是指月亮軌道（白道）與太陽軌道（黃道）的交點。交點有二──羅睺為月亮由南往北橫越的點，計都則是月亮由北往南橫越的點。兩者總是位於相差180度的位置，並在十二星座中以反方向移動著。在天宮圖上則會始終位於正對面星座的相同度數上。

# 了解十二星座各自的特質

## 各星座會表現出一個人的思考或行動模式

在占星術中最重要的是「星座」這個概念,這是因為星座囊括了一個人的整體思考或行動模式,並且共分為十二種。藉由正確理解這點,就能更加深入解讀天宮圖。

十二星座根據構成宇宙的要素分成幾組,右頁則是將代表性的分類整理而成的一覽表。而十二星座各自的特質,可藉由將表上的「陰陽」(二元性)、「活動性」(三要素)、「元素」(四大元素)、「星座主星」(分別主管十二星座的行星)特質加以組合後推導出來。首先請仔細檢視這些特質上的差異。關於主管行星,將於 STEP 3 中解說。

# 關於十二星座的特質

| 星座編號 | 星座 | 符號 | 陰陽 | 活動性 | 元素 | 星座主星 |
|---|---|---|---|---|---|---|
| 1 | 白羊座 | ♈ | 陽 | 啟動 | 火 | 火星 |
| 2 | 金牛座 | ♉ | 陰 | 固定 | 土 | 金星 |
| 3 | 雙子座 | ♊ | 陽 | 變動 | 風 | 水星 |
| 4 | 巨蟹座 | ♋ | 陰 | 啟動 | 水 | 月亮 |
| 5 | 獅子座 | ♌ | 陽 | 固定 | 火 | 太陽 |
| 6 | 處女座 | ♍ | 陰 | 變動 | 土 | 水星 |
| 7 | 天秤座 | ♎ | 陽 | 啟動 | 風 | 金星 |
| 8 | 天蠍座 | ♏ | 陰 | 固定 | 水 | 火星 |
| 9 | 人馬座 | ♐ | 陽 | 變動 | 火 | 木星 |
| 10 | 摩羯座 | ♑ | 陰 | 啟動 | 土 | 土星 |
| 11 | 水瓶座 | ♒ | 陽 | 固定 | 風 | 土星 |
| 12 | 雙魚座 | ♓ | 陰 | 變動 | 水 | 木星 |

從下一頁起將會解說「陰陽」、「活動性」、「元素」
特質的差異。藉此進一步掌握十二星座的特徵吧！
關於星座主星，請參照66頁。

# 關於十二星座的特質

| 雙魚座陰 | 白羊座陽 | 金牛座陰 | 雙子座陽 |
|---|---|---|---|
| 水瓶座陽 | | | 巨蟹座陰 |
| 摩羯座陰 | | | 獅子座陽 |
| 人馬座陽 | 天蠍座陰 | 天秤座陽 | 處女座陰 |

| 陽性特質 | 陰性特質 |
|---|---|
| 男性化 | 女性化 |
| 主動 | 被動 |
| 積極 | 消極 |
| 外向 | 內向 |
| 投射性 | 接受性 |
| 理性 | 感性 |
| 領導性質 | 服從性質 |
| 自我表現 | 自我反省 |
| 具氣勢 | 受壓抑 |

如上圖所示，十二星座分成「陰性」與「陽性」兩種特質。陽性為外向能量，陰性則為內向能量，分別具有右表中所列的特質。如同白天與黑夜、光與影，兩種特質為相對的，有著缺一不可的關聯性。

# 星座的活動性（三要素）

| 雙魚座變動 | 白羊座啟動 | 金牛座固定 | 雙子座變動 |
|---|---|---|---|
| 水瓶座固定 | | | 巨蟹座啟動 |
| 摩羯座啟動 | | | 獅子座固定 |
| 人馬座變動 | 天蠍座固定 | 天秤座啟動 | 處女座變動 |

如左圖所示，十二星座也分別分成「啟動」、「固定」、「變動」三種活動性。這三種活動性代表的是「單腳跳、跨步、跳躍」這種三階段的週期性成長過程。而如同下一頁的表格所示，根據所發揮的活動性不同，動機也會產生差異。

## 啟動

事物開始的階段,會朝外側產生能量。受其影響強烈的「啟動」類型的人,擅於展開事物,採取最初的行動。若是以季節比喻,就是初春、初夏、初秋、初冬時期,而屬於這些季節的白羊座、巨蟹座、天秤座、摩羯座就稱作「啟動星座」。

## 固定

事物平靜、穩定下來的階段,能量會朝內側凝聚,具體展現事物的特徵。「固定」類型的人,擅於繼承事物、穩固發展。而如同持續酷暑的盛夏、持續嚴寒的隆冬時節,屬於這些季節全盛時期的金牛座、獅子座、天蠍座、水瓶座就稱作「固定星座」。

## 變動

讓事物適應下一步的階段,能量再度開始呈螺旋狀擴展、分散。「變動」類型的人,擅於展開事物並銜接到下一階段。屬於從春天邁入夏天、夏天邁入秋天、秋天邁入冬天、冬天邁入春天,這種季節轉換時期的雙子座、處女座、人馬座、雙魚座就稱作「變動星座」。

| 活動性 | 關鍵詞 |
|---|---|
| **啟動**<br>(相當於西洋占星術的開創) | 活動性、行動力、有決斷力、適應環境變化、決心、個性積極進取、喜歡改革與變化、自我表現欲、目的意識強烈、具野心、喜歡旅行、冷酷、無法忍耐 |
| **固定**<br>(相當於西洋占星術的固定) | 一致性、穩定、毅力、堅定不移的決斷力、自我反省、強烈意志、謹慎、持續性、專注、冷靜、固執、沒有靈活性、抗拒變化、習慣性、執著於事物、反抗性 |
| **變動**<br>(相當於西洋占星術的變動) | 具靈活性、適應、適應環境、隨機應變、被動、可調整、多才多藝、反覆無常、優柔寡斷、目標不定、愛操心、容易混亂、沒有持續性、神經質 |

# 星座的元素（四大元素）

| 雙魚座 水 | 白羊座 火 | 金牛座 土 | 雙子座 風 |
|---|---|---|---|
| 水瓶座 風 | | | 巨蟹座 水 |
| 摩羯座 土 | | | 獅子座 火 |
| 人馬座 火 | 天蠍座 水 | 天秤座 風 | 處女座 土 |

元素的分類如左圖所示。這呈現出作為個性基礎的一個人的特質、面對人生的方式。如果有行星集中於某個星座，該星座的元素就會被凸顯出來。

## 火象星座
### 熱情與創造的能量源頭

對應強而有力的生命力，賦予活動能量。火元素強勁的人，充滿創造全新事物的創造力，心懷熱情與願景面對人生，因此是刺激周遭人們的存在。而如果過於強烈就會變得具攻擊性且狂熱，而成為不知恐懼為何物的個性。火元素較弱則會缺乏熱忱，對人生有些敷衍了事，容易顯出欲振乏力的精神狀態。

## 風象星座
### 溝通與智慧

對應以邏輯方式思考事物並加以判斷的智慧，代表呼吸（循環）能量。風元素強勁的人，富有將自身想法在社群媒體上分享等自我表現的能力。儘管擅於交際且尋求智慧上的連結，但風若是過於強烈就容易注意力分散，而難以專心面對一件事情。風元素較弱則會迷失人生目標，展現出不成熟的學習能力或溝通問題。

## 土象星座
### 讓夢想具體成形的力量

對應以五感感覺到的物質世界，代表具體成形的能量。土元素強勁的人，天生具備合乎常識的感受力，會為了滿足五感而追求物質上的豐盛。此外，亦長於讓事物具建設性地發展、實現夢想的能力。但過於強烈就會變得謹慎，畏懼變化或冒險而趨於保守。相反地，土元素較弱則會缺乏責任感，變成「不腳踏實地的人」。

## 水象星座
### 靈活、敏感且具直覺

代表內心感受的事物、同理心及下意識的能量。水元素強勁的人，會藉由對他人的移情作用、同情、直覺的覺察來表現自己。面對事物的處理方式更為安靜且具想像力。水元素過於強烈，情緒起伏就會有如雲霄飛車般劇烈，因此重點在於必須意識到這點並加以控制。另一方面，水元素較弱則會缺乏同情心且變得欠缺情感表現。

# 元素特質與相關圖

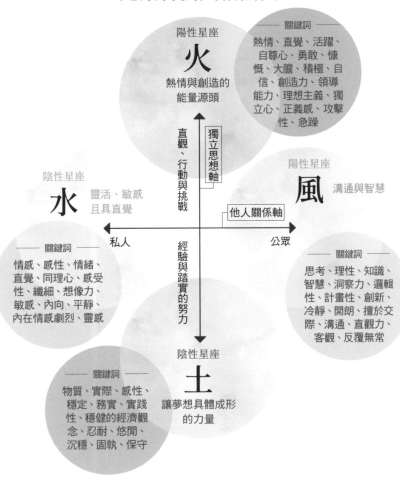

陽性星座

## 火

熱情與創造的
能量源頭

關鍵詞
熱情、直覺、活躍、
自尊心、勇敢、慷
慨、大膽、積極、自
信、創造力、領導
能力、理想主義、獨
立心、正義感、攻擊
性、急躁

直觀、行動與挑戰

獨立思想軸

陰性星座

## 水

靈活、敏感
且具直覺

他人關係軸

私人　　　　　　　　公眾

陽性星座

## 風

溝通與智慧

關鍵詞
情感、感性、情緒、
直覺、同理心、感受
性、纖細、想像力、
敏感、內向、平靜、
內在情感劇烈、靈感

經驗與踏實的努力

關鍵詞
思考、理性、知識、
智慧、洞察力、邏輯
性、計畫性、創新、
冷靜、開朗、擅於交
際、溝通、直觀力、
客觀、反覆無常

陰性星座

## 土

讓夢想具體成形
的力量

關鍵詞
物質、實際、感性、
穩定、務實、實踐
性、穩健的經濟觀
念、忍耐、悠閒、
沉穩、固執、保守

只要檢視天宮圖中行星座落星座的陰陽與元素，就能明白一個人的整
體形象。比如說，如果行星集中於水象、土象等陰性星座，就是會發
揮內向、被動特質的人；如果偏向土象星座，就是現實且追求穩定的類
型。此外，如果兩個人的星座元素相同，可說是契合度高、容易產生
同感、共鳴的關係。

# 試著製作天宮圖

**利用免費的天宮圖製作網站，**
**試著製作你自己的天宮圖**

　　只要知道「出生年月日」、「出生時刻」、「出生地點」這三項資訊，就能使用免費軟體或天宮圖製作網站，製作出印度占星學的天宮圖。十分推薦「印度占星學研究計畫」或「Jyotish-ONE」等網站，都有日文版顯示而容易閱讀。

　　有一點想請各位注意的是，如果出生在引進了夏令時間（日光節約時間）制度的國家或地區，就要注意出生時刻。如果是在夏令時間出生的人，必須輸入減去與冬令時間差後的正確時刻。比如說，如果是在早了一小時的夏令時間上午 9 點 59 分出生，就要輸入上午 8 點 59 分。順帶一提，日本也曾於一九四八〜一九五一年間實施過夏令時間。

# 製作天宮圖的方法

## 1 準備好生日相關資訊

請收集「出生年月日」、「出生時刻」、「出生地點」（經度、緯度）這三項資訊。由於決定上升點位置的出生時刻非常重要，請檢視出生證明確認正確時刻。

## 2 使用免費製作工具

進入「印度占星學研究計畫」（https://www.ayurvedalife.jp/indian_jyotish/）或「Jyotish-ONE」（https://jyotish-one.com/input.php）網站。此外，也可以使用智慧型手機的「JyotishApp」、「JyotishDashboard」等 APP 製作天宮圖（兩者均只有英文版）。

## 3 輸入出生資訊

每個網站基本上都需要輸入姓名、出生年月日、出生時間、出生地點這些資料。不過，如果不知道自己的出生時刻，就請預設輸入 12 點 00 分 00 秒（正午）。此外，根據網站不同，有的會需要自行調查出生地點的經緯度（推薦使用東西占星術研究所的「經緯度搜尋服務」）。

在「印度占星學研究計畫」網站裡，僅需從下拉式選單選擇「出生地點」，即可查出經緯度。輸入所有資料後，按下「顯示天宮圖」。

# 4 顯示天宮圖

在輸入完所需資訊後，按下「顯示天宮圖」等按鈕。這麼一來就會顯示出你的天宮圖。如果有需要，可以用列印頁面等方式保存下來。

天宮圖（出生星盤）

● 標示於天宮圖的行星會以英文縮寫或行星符號顯示。

上升點

| 行星 | 星座、緯度 |
|---|---|
| ASC | ♌ 獅子座 28.54.29 |
| ☉ 太陽 | ♓ 雙子座 12.55.37 |
| ☾ 月亮 | ♐ 射手座 09.05.26 |
| ☿ 水星 | ♋ 巨蟹座 01.31.44 |
| ♀ 金星 R | ♉ 牡牛座 24.01.06 |
| ♂ 火星 | ♌ 獅子座 29.32.53 |
| ♃ 木星 | ♌ 獅子座 12.00.10 |
| ♄ 土星 | ♌ 獅子座 27.43.27 |
| ☊ 羅睺 | ♋ 巨蟹座 28.49.53 |
| ☋ 計都 | ♑ 摩羯座 28.49.53 |

這裡是度數。

● 根據網站不同，度數可能會直接標示於天宮圖上，或是以另外的表格呈現。在「印度占星學研究計畫」網站上，則是以「緯度」標示於天宮圖畫面下方。

# 5 也要確認百二大運

印度占星學中有著預測未來的「百二大運」（Vimsottari Dasha）這項技法（於 PART 3 解說）。在製作天宮圖時，也會顯示要用於技法上的「大運」資料，請先行確認。

● 在「印度占星學研究計畫」網站上，於顯示天宮圖的頁面往下捲動，即可看見標為「百二大運」；如果是「Jyotish-ONE」網站，則會顯示於「百二大運」這個頁面。

# 製作天宮圖的方法

由於顯示為行星符號，事先改寫成日文會更容易閱讀！此外，本書會省略標示度數喔！

太陽座落於雙子座
當太陽落在雙子座時，稱為「座落」。

| 雙魚座 | 白羊座 | 金牛座 | 雙子座 |
|---|---|---|---|
| | | 金星（VeR） | 太陽（Su） |
| 水瓶座 | 行星符號最後若加上「R」，代表逆行的意思（表示行星看起來朝著反方向移動）。 | | 水星（Me）<br>羅睺（Ra） | 巨蟹座 |
| 摩羯座 | | | 火星（Ma）<br>木星（Ju）<br>上升點（As）<br>土星（Sa） | 獅子座 |
| | 月亮（Mo） | | |
| 人馬座 | 天蠍座 | 天秤座 | 處女座 |

也有的星座裡沒有行星。

上升點座落於獅子座＝第1宮
宮位（House）以上升點為起始點。
詳細解說於下一頁。

| 標記 | As 或 ASC | Su | Mo | Me | Ve | Ma | Ju | Sa | Ra | Ke |
|---|---|---|---|---|---|---|---|---|---|---|
| 名稱 | 上升點 | 太陽 | 月亮 | 水星 | 金星 | 火星 | 木星 | 土星 | 羅睺 | 計都 |
| 符號 | 無 | ☉ | ☽ | ☿ | ♀ | ♂ | ♃ | ♄ | ☊ | ☋ |

# 印度占星學中的
# 十二宮位

**宮位會展現出人際關係、意外或疾病、人生事件等，**
**從出生到死亡為止的各階段**

　　在印度占星學中除了星座之外，另有「宮位」這個概念。
這就像房號一般，以上升點座落的星座為第 1 宮，以此為起點
順時鐘排列，讓十二星座依序對應十二宮位。

　　詳細內容會於〔STEP 5〕中解說，而如同星座對應的是一
個人的思考或行動模式，宮位則是對應人際關係、意外或疾
病，包括了婚姻或就職等人生事件，也就是一個人從出生到死
亡為止會經歷的主題。因此只要解讀宮位，就能知曉人生課題
或主題。另一方面，行星也擁有各式各樣的徵象（星座、行星
的含義），也有眾多徵象與宮位重複。印度占星學在解讀人生
的主題之際，會重視宮位勝於行星。

# 決定宮位的規則

| 雙魚座 | 白羊座 | 金牛座 | 雙子座 |
|---|---|---|---|
| 第6宮 | 第7宮 | 第8宮 | 第9宮 |

水瓶座　第5宮　　　　第10宮　巨蟹座

摩羯座　第4宮　　　　第11宮　獅子座

| 第3宮 | 第2宮 | (As) 第1宮 | 第12宮 |
|---|---|---|---|
| 人馬座 | 天蠍座 | 天秤座 | 處女座 |

第1宮由上升點座落的星座來決定。上方的天宮圖是以上升點落入的天秤座作為第1宮。以此為起點順時鐘排列，天蠍座為第2宮、人馬座為第3宮，處女座則為第12宮。

# 宮位與人物

| | 第1宮 | 第3宮 | 第4宮 | 第5宮 | 第7宮 | 第9宮 | 第11宮 |
|---|---|---|---|---|---|---|---|
| 得知內容 | 自己本身 | 弟妹、鄰居 | 母親 | 孩子 | 配偶、生意夥伴 | 父親 | 兄姊、朋友、協助者 |

宮位裡也設定了人物的徵象。除了這裡舉例的徵象之外，還有「第2宮代表家庭（雙親或兄弟姊妹）」的說法，或是「第9宮代表父親本身的特質、第10宮代表工作上的社會性父親」這樣的說法。

# 關於上升點、月亮、太陽

**決定一個人個性、特質的三要素，**
**從各自的星座檢視特徵**

　　在印度占星學中，解讀天宮圖是有順序的。首先會從對個性或特質造成極大影響的上升點、月亮、太陽來掌握相關特徵。

　　所謂的上升，顯示的是一個人出生的瞬間，從出生地點往東方地平線上望去時，會看見的星座（上升宮）與其度數（上升點）。上升點在印度語中稱作「Lagna」，可以從其所在的星座得知容貌、表現出來的個性、第一印象的特徵。

　　月亮星座為內心或情感的象徵，會呈現出一個人日常生活中的言行舉止或生活風格、度過怎樣的孩提時代等環境上的特徵；太陽則是自我主張強烈的欲望表徵，顯示出社會性或工作，從太陽星座可以得知一個人出社會時的言行舉止、行動模式。

# 上升點、月亮、太陽所顯示的事物

| 上升點<br>（As） | 月亮<br>（Mo） | 太陽<br>（Su） |
|---|---|---|
| ● 肉體<br>● 外在形象<br>● 表面特質 | ● 內心<br>● 情感<br>● 情緒 | ● 靈魂<br>● 社會性<br>● 工作 |
| 〈自己的第一印象〉 | 〈讓熟人看見的自己〉 | 〈在學校或職場上的自己〉 |

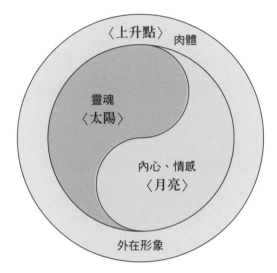

〈上升點〉　肉體

靈魂
〈太陽〉

內心、情感
〈月亮〉

外在形象

太陽含有向社會或他人表現自己的意思，代表著
靈魂或社會性；而月亮指的與其說是別人，不如說是
對自己來說感到舒服的事，代表的是內心、情感喔！

# 解讀上升點、月亮、太陽

**特質的呈現方式會隨著三個天體的**
**位置關係而變化嗎？**

　　在上一頁知道了上升點、月亮、太陽這三者各自的個性特徵。接下來則要介紹從這三顆行星的位置關係來綜合解讀的要點。

　　比如說，如果上升點、月亮、太陽集中於白羊座，那麼白羊座的特質無論如何都會強烈地顯現出來。雖然富有白羊座開拓人生的才華，不過思考方式也容易流於自我主張強烈；如果月亮與太陽座落於正對面的星座，在平時的生活中也會顯現完全相反的特質。比如說，如果月亮是巨蟹座，太陽是摩羯座，私底下的個性會顯得陰晴不定而浪漫，在工作上則會給人責任感強烈而一本正經的感覺；如果這三者分別落入不同的星座，在擁有各式各樣價值觀的同時，卻也會因為相異的特質同時存在而產生糾葛。

# 史蒂夫・賈伯斯（蘋果公司聯合創始人）的天宮圖

解讀時注意上升點、月亮、太陽，就會是這種感覺喔！

## 確認月亮

月亮座落在雙魚座，可得知其創新思想的根源，有著「希望這個世界變得更好」、「想豐富眾人的人生」這樣純粹的想法。

| | 雙魚座 | 白羊座 | 金牛座 | 雙子座 | |
|---|---|---|---|---|---|
| | 月亮（Mo） | 火星（Ma） | | 計都（Ke）木星（JuR） | |
| 水瓶座 | 太陽（Su） | | | 天王星（UrR） | 巨蟹座 |
| 摩羯座 | 水星（MeR） | | | 冥王星（PlR）上升點（As） | 獅子座 |
| | 金星（Ve）羅睺（Ra） | 海王星（NeR）土星（Sa） | | | |
| | 人馬座 | 天蠍座 | 天秤座 | 處女座 | |

## 確認太陽

顯示社會性的太陽，座落在與上升點位置完全相反的水瓶座。在工作上有著追求能於自由立場上發揮才華的職場的傾向。水瓶座代表科學或最尖端技術，能時常在市面上推出 iPhone 等全新產品的才華，也是源於水瓶座的特質。

## 確認上升點

獅子座富有創造力，且帶給周遭擅於照顧人的領袖印象。

# 名人的
# 解讀實例

**根據〔STEP 1〕、〔STEP 2〕的內容（36～57頁），
接下來以名人的天宮圖為範本來學習解析基礎吧！**

## 以和諧與和平引領印度獨立

### 聖雄甘地

| 雙魚座 | 白羊座 | 金牛座 | 雙子座 |
|---|---|---|---|
| 海王星<br>（NeR） | 冥王星<br>（PlR）<br>木星<br>（JuR） | | 天王星<br>（UrR） |
| | | | 羅睺<br>（Ra）<br>月亮<br>（Mo） |
| 計都<br>（Ke） | | | |
| | 土星<br>（Sa） | 上升（As）<br>水星（Me）<br>金星（Ve）<br>火星（Ma） | 太陽<br>（Su） |

水瓶座　摩羯座（左側）
巨蟹座　獅子座　處女座（右側）
人馬座　天蠍座　天秤座（下方）

在他所倡導的非暴力抵抗運動中，可以感覺到月亮落入的巨蟹座帶來的母性柔情，與太陽落入的處女座的潔癖。

上升點落入的天秤座為溝通的星座。天秤座是重視人與人之間和諧、愛好和平的星座。其他行星也集中在天秤座，代表著他對和諧與和平的強烈渴望。

## 妝點好萊塢黃金時代的女演員

# 奧黛麗・赫本

太陽座落於富有挑戰精神的白羊座。她作為女演員以及聯合國兒童基金會親善大使，一生中歷經眾多挑戰，正是體現了這一點。她似乎從受到白羊座影響的太陽那裡獲得了強悍及光明坦蕩的威嚴，其名言也明確展現出這一點：「沒有任何事是不可能的，畢竟『Impossible』（不可能）這個單字本身就寫著 I'm possible（我辦得到）。」

|  | 雙魚座 | 白羊座 | 金牛座 | 雙子座 |  |
|---|---|---|---|---|---|
| 水瓶座 | 金星（VeR）<br>天王星（Ur） | 太陽（Su）<br>木星（Ju）<br>羅睺（Ra） | 水星（Me） | 冥王星（Pl） |  |
|  | 月亮（Mo）<br>上升點（As） |  |  | 火星（Ma） | 巨蟹座 |
| 摩羯座 |  |  |  | 海王星（NeR） | 獅子座 |
|  | 土星（SaR） |  | 計都（Ke） |  |  |
|  | 人馬座 | 天蠍座 | 天秤座 | 處女座 |  |

上升點、月亮落入的水瓶座是擁有自由、平等、博愛精神的星座。她的後半輩子比起演戲，更常以聯合國兒童基金會親善大使的身分活動，一生致力於協助遭受飢餓與戰爭所苦的孩童們。座落於白羊座的太陽既勇敢且喜歡旅行，她也因此不會畏懼前往像索馬利亞這種情勢不穩定的國家。

關於星座的含義，請參照卷末資料（176頁）。

# 試著解讀自己的
# 天宮圖

## 1 試著在下方表格裡填入自己天宮圖中的行星吧！

※ 括號裡的行星為星座主星（請參照66頁）。

|  | （木星）<br>雙魚座 | （火星）<br>白羊座 | （金星）<br>金牛座 | （水星）<br>雙子座 |  |
|---|---|---|---|---|---|
|  | 陰 變動 水<br>**水** | 陽 啟動 火<br>**火** | 陰 固定 地<br>**土** | 陽 變動 風<br>**風** |  |
| 水瓶座（土星） | 陽 固定 風<br>**風** |  |  | 陰 啟動 水<br>**水** | 巨蟹座（月亮） |
| 摩羯座（土星） | 陰 啟動 地<br>**土** |  |  | 陽 固定 火<br>**火** | 獅子座（太陽） |
|  | 陽 變動 火<br>**火** | 陰 固定 水<br>**水** | 陽 啟動 風<br>**風** | 陰 變動 地<br>**土** |  |
|  | 人馬座<br>（木星） | 天蠍座<br>（火星） | 天秤座<br>（金星） | 處女座<br>（水星） |  |

| 標記 | As | Su | Mo | Me | Ve | Ma | Ju | Sa | Ra | Ke |
|---|---|---|---|---|---|---|---|---|---|---|
| 名稱 | 上升點 | 太陽 | 月亮 | 水星 | 金星 | 火星 | 木星 | 土星 | 羅睺 | 計都 |

# 2 上升點、太陽、月亮座落在哪個星座？

例1）以史蒂夫・賈伯斯先生的天宮圖（57頁）來看……

| | 上升點（As） | 太陽（Su） | 月亮（Mo） |
|---|---|---|---|
| 星座 | 獅子座 | 水瓶座 | 雙魚座 |
| 陰陽 | 陽 | 陽 | 陰 |
| 元素 | 火 | 風 | 水 |
| 活動性 | 固定 | 固定 | 變動 |

例2）解讀史蒂夫・賈伯斯先生的**上升點**……

| 上升點座落於<br>獅子座 | ▶ | 從177頁中獅子座的「特質、能力」裡，挑出五個認為符合的徵象並寫下來。 | | 基本上擁有熱情、追尋夢想、富哲學性、具創造力，且具備領袖特質或能力。 |
|---|---|---|---|---|
| 陰陽的特質為<br>陽 | ▶ | 對照44頁的表格寫下特質。 | ▶▶ | 基本上積極且主動、外向並且具有自我表現的傾向。 |
| 活動性為<br>固定 | ▶ | 對照45頁的表格寫下特質。 | ▶▶ | 基本上具一致性及持續性、很有毅力且有專注的傾向。 |
| 元素為<br>火 | ▶ | 對照47頁的「關鍵詞」寫下特質。 | ▶▶ | 基本上大膽且積極、熱情且充滿自信，有理想主義的傾向。 |

> 史蒂夫・賈伯斯先生展現表象的上升點與太陽都落入陽性星座，有著積極且強烈的特質；然而，由於月亮落入雙魚座，屬於陰性特質，而擁有雙魚座的細膩與感受性高的特質，或許是個單純而容易受傷的人。
> 那麼，接下來就輪到你自己囉！

# 3 試著根據你的天宮圖（60頁），彙整下方表格吧！

|  | 上升點（As） | 太陽（Su） | 月亮（Mo） |
|---|---|---|---|
| 星座 |  |  |  |
| 陰陽 |  |  |  |
| 元素 |  |  |  |
| 活動性 |  |  |  |

## 哪種特質的星座較強？缺乏的星座特質為何？

寫下擁有兩個以上的「星座」、「陰陽」、「活動性」、「元素」。

寫下缺乏的「陰陽」、「活動性」、「元素」。

| 星座 | 陰陽 |
|---|---|
|  |  |

| 陰陽 | |
|---|---|
|  |  |

| 活動性 | 元素 |
|---|---|
|  |  |

| 活動性 | 元素 |
|---|---|
|  |  |

▼

具備兩個以上的特質就是強烈特質，會形成你的才華，成為你的強項。

▼

缺乏的要素需要仰賴他人協助，或是有意識地填補。

## 從上升點檢視基本特質或能力

上升點落入的星座就是你本身的象徵。會顯示出容貌、表現出來的個性、健康狀態、外在形象喔！

上升點座落於 （　　　　　）座
▶ 從176～179頁該星座的「特質、能力」裡，挑出五個認為符合的徵象並寫下來。
▶▶
基本上擁有
................................
................................
................................
................................
特質或能力。

陰陽的特質為 （　　　　　）
▶ 對照44頁的表格寫下特質。
▶▶
基本上
................................
................................
................................
的傾向。

活動性為 （　　　　　）
▶ 對照45頁的表格寫下特質。
▶▶
基本上
................................
................................
................................
的傾向。

元素為 （　　　　　）
▶ 對照47頁的表格寫下特質。
▶▶
基本上
................................
................................
................................
的傾向。

# 從太陽檢視靈魂特質與社會性

太陽意謂著靈魂或社會性喔！ 試著寫下出社會時或在職場上的言行舉止、理想中的形象吧！

太陽座落於
（　　　　）座
▶

從176～179頁該星座的「特質、能力」裡，挑出五個認為符合的徵象並寫下來。
▶▶

你的靈魂擁有

的特質。

---

陰陽的特質為
（　　　　）
▶

對照44頁的表格寫下特質。
▶▶

你的靈魂有

的傾向。

---

活動性為
（　　　　）
▶

對照45頁的表格寫下特質。
▶▶

你的靈魂有

的傾向。

---

元素為
（　　　　）
▶

對照47頁的表格寫下特質。
▶▶

你的靈魂有

的傾向。

---

太陽星座的特質，代表著你在社會中靈魂想朝何種方向成長。

# 從月亮檢視內心與情感的特質

月亮顯示的是內心或情感喔！ 可以檢視你下意識的
習慣、態度、孩提時期的影響。

| | | |
|---|---|---|
| 月亮座落於 ( ) 座 | 從176～179頁該星座的「特質、能力」裡，挑出五個認為符合的徵象並寫下來。 ▶▶ | 你的心擁有<br>────<br>────<br>────<br>────的特質。 |
| 陰陽的特質為 ( ) | 對照44頁的表格寫下特質。 ▶▶ | 你的內心有<br>────<br>────<br>────<br>────的傾向。 |
| 活動性為 ( ) | 對照45頁的表格寫下特質。 ▶▶ | 你的內心有<br>────<br>────<br>────<br>────的傾向。 |
| 元素為 ( ) | 對照47頁的表格寫下特質。 ▶▶ | 你的內心有<br>────<br>────<br>────<br>────的傾向。 |

# 座落行星與 主管行星

## 行星不只座落，還負責主管十二星座

　　在印度占星學中使用的九個行星中，除了羅睺與計都之外的行星，都有著負責「主管」的星座（請參照右頁的圖）。行星不只是「座落」，還負責「主管」，這個概念對於理解印度占星學非常重要。比如說，如果在你的天宮圖中，月亮落入人馬座，那麼就會以「月亮座落於木星主管的人馬座」的講法呈現行星與星座之間的關係。

　　或許令人難以想像，但可以認為對於星座主星而言，負責主管的星座就像「家」一樣，換言之，人馬座就是木星的「家」。因此當你的天宮圖中，月亮座落於人馬座，就表示同時會受到把人馬座當成「家」的星座主星木星的影響。

# 十二星座各自的主管行星

木星（Ju）　火星（Ma）　金星（VeR）　水星（Me）

雙魚座　　　白羊座　　　金牛座　　　雙子座

土星（SaR）　水瓶座

土星（SaR）　摩羯座

| | | | |
|---|---|---|---|
| | 這代表的是「木星座落於月亮主管的巨蟹座」。 | 木星（Ju） | 巨蟹座 |
| | | | 獅子座 |
| 月亮（Mo） | | | |

這代表的是「月亮座落於木星主管的人馬座」。

月亮（Mo）

太陽（Su）

人馬座　　　天蠍座　　　天秤座　　　處女座

木星（Ju）　火星（Ma）　金星（VeR）　水星（Me）

星座主星是上下對稱的，從太陽、月亮開始，按照從近到遠的順序，分別是水星、金星、火星、木星、土星。

如果月亮座落於人馬座，那麼代表月亮的內心或情感，不只會受到人馬座的特質影響，也會受到木星的影響喔！會同時具備木星的開朗、樂天與誠實的特質。

# 何謂蘊含於行星的徵象？

## 宇宙中的事件現象，
## 被象徵化為九個行星並分類

　　性別、人際關係、特質等，現實中所發生的事件或存在於世上的事物，都如右頁的表格所示，分別是九個行星之一所象徵的內容。在占星術中的行星，是以象徵方式呈現宇宙這個世界的語言。

　　了解行星的徵象，能幫助你掌握事物的本質。而當你掌握住了本質，就能看清這個世界整體的結構。通曉蘊含於行星中的靈性面相，也是理解占星術的重要基礎，因此請一點一點地熟稔吧！與智慧、真理、直覺、解脫等靈性世界相關的行星具體徵象，請參照卷末資料的徵象一覽（180～183頁）來確認。

# 行星的基本徵象表

| | 人際關係 | 社會地位 | 象徵人物 | 性別 | 元素 | 性質 | 神祇 |
|---|---|---|---|---|---|---|---|
| 太陽 ☉ | 父親、丈夫 | 國王 | 國王、經營者、掌權人士 | 男性 | 火 | 純質 | 濕婆 |
| 月 ☾ | 母親、妻子 | 王族 | 女性 | 女性 | 水 | 純質 | 雪山神女 |
| 火星 ♂ | 弟妹 | 司令官 | 戰士、男性、指揮官 | 男性 | 火 | 闇質 | 象頭神 |
| 水星 ☿ | 親戚 | 王位、繼承人 | 少年少女、年輕人 | 中性 | 風 | 激質 | 毗濕奴 |
| 木星 ♃ | 孩童、師父 | 大臣 | 賢者、宗教家 | 男性 | 空 | 純質 | 濕婆 |
| 金星 ♀ | 配偶、情人 | 大臣 | 女性、配偶 | 女性 | 水 | 激質 | 吉祥天女 |
| 土星 ♄ | 部下、勞工 | 傭人 | 大眾、掌權人士 | 中性 | 地與風 | 闇質 | 閻摩 |
| 羅睺 ☊ | 父方的祖父 | | 外國人、異國文化的人 | — | | 闇質 | |
| 計都 ☋ | 母方的祖父 | | | — | | 純質 | |

關於性別「中性」的細微差異，水星指的是少年、王子殿下，因此是性徵尚未成熟的意思；而土星指的則是老人，因此是性方面已經衰退的意思。水星與土星被歸類於中性的原因完全相反。

性質中的純質意指純粹且高貴的特質；激質為活動性的特質；闇質為黑暗低賤的特質。這三者是在 PART 4 中會介紹的阿育吠陀中重要的概念喔！

# 何謂行星所代表的吉凶？

**帶來吉兆的吉星、帶來凶兆的凶星，**
**思考「行星吉凶」的方式**

　　行星有著吉凶，分為「自然吉凶」與「功能吉凶」兩種（無論是座落或主管均會作用的概念）。自然吉凶會根據強弱分成五類（請參照右頁），代表行星原本的特質。另一方面，所謂的功能吉凶則是考慮天宮圖各式各樣的要素，綜合性地鑑定吉凶的分類方式。本書僅會介紹基本的「自然吉凶」，但這種先天的吉凶也會對綜合吉凶帶來強烈的影響。

　　在西洋占星術中也存在自然的吉凶分類，不過由於各自的文化、宗教上價值觀的差異，內容會稍有不同。在印度占星學中，相對於吉星有四顆，凶星則有五顆，也就是凶星較多，而實際解析時也會在考慮其他要素後，判斷綜合吉凶。

# 九個行星的自然吉凶

| 強吉星 | 木星、金星 | 無論是座落宮位、同宮的行星、形成相映（於 STEP 4／96 頁～解說）等而造成影響的行星或星座、宮位，都會加以保護並帶來好運。自然吉星只要不受到兩個以上的凶星強烈傷害[※1]，就能作為吉星發揮正向作用。 |
|---|---|---|
| 弱吉星 | 月亮 | 會根據與太陽之間的位置關係而異[※2]。明亮的月亮、逐漸盈滿的月亮、滿月時，作為自然吉星的特質就會變強；黯淡的月亮、逐漸虧缺的月亮、新月、容易受到凶星傷害時，凶星面的特質就會變強。 |
| | 水星 | 吉凶會根據受到哪顆行星的影響而改變。如果受到自然吉星的影響，就會發揮身為吉星的作用；但如果受到土星或火星等行星的影響，就會失去身為吉星的作用。 |
| 弱凶星 | 太陽 | 當太陽座落於白羊座、天蠍座、人馬座、雙魚座等對其而言舒適的星座[※3]時，作為凶星的作用就會減弱。 |
| 凶星 | 羅睺、計都 | 雖是自然凶星，但會因為下列條件而發揮吉兆。<br>・落入自然吉星（月亮、水星、金星、木星）主管的星座時。座落於水星及木星主管的星座時，特別會發揮正向作用。<br>・座落星座的主管行星正好座落於三方宮等吉宮（於 110 頁解說）時。<br>・與吉星座落於同一宮位，或是形成相映時。與木星的組合特別會發揮正向作用。 |
| 強凶星 | 火星、土星 | 兩者都是強大的自然凶星，會為人生帶來考驗或困難。土星會以不安或恐懼心；火星則會以憤怒或爭鬥心企圖控制我們的內心，如果落敗，就會以疾病、人際關係上的糾紛或不道德行為等型態呈現。需藉由跨越這些困難、放下不安或憤怒等情感來促進精神方面的成長。 |

※1　所謂「行星傷害」，指的是與凶星之間形成相映或會合的情形（詳情請參照96頁）。

※2　在天宮圖上，當太陽與月亮落入正對面星座時就是滿月，太陽與月亮落入同一星座時為新月。

※3　如同「三個臭皮匠勝過一個諸葛亮」，行星的吉凶也會根據所處情況而產生變動（詳情請參照73頁）。

## 超越行星吉凶的「靈性意義」

「為了靈魂的成長而反覆輪迴轉世」——在吠陀思想中，認為重要的並非行星的吉凶（善惡），而是行星各自的職責。

比如說，凶星雖會替人生帶來困難或考驗，但發生的並非「壞事」，而是為了讓靈魂成長「所需的事」。因為土星的職責是培養耐性、自制力以及責任感；火星則是挑戰精神與注意力。

另一方面，即使木星或金星是吉星，如果用法錯誤，也會導致怠惰的傾向。這是因為木星或金星處於良好狀態的人，不會滿足於這份好運而加以感謝、找出使命或職責，並為了在精神上獲得成長而追求挑戰的勇氣。木星的職責是培養智慧或道德；金星則是愛與和諧的心。

在從「靈性意義」解讀天宮圖時，重要的是不受行星的吉凶束縛。需要的是廣闊的視野與靈活的解釋：事件有何含義、促使自己有怎樣的覺察、為什麼會發生？ 在加深這類理解的過程中，精神方面也會有所成長。

# 何謂行星的
# 強弱？

**舒適度會因位置而改變，**
**行星與十二星座的契合度非常重要！**

　　如前所述，在印度占星學中，將行星落入某個星座的情況稱為「座落」。行星會根據座落的星座，而決定其強度與舒適度。當行星進入「旺宮」星座時最強，其次是「三方旺宮」、「自己的星座」（指主管星座）的強度順序；而在進入「弱宮」星座時最弱（此外，本書不採用介於「自己星座」與「弱宮」之間的「友誼星座」、「中立星座」、「敵意星座」）。

　　當行星座落於從「旺宮」星座算起第七個星座（180度正對面）時，會處於「弱宮」。談旺宮、弱宮及三方旺宮時，還會考慮其度數，比如說，在入旺宮的情況下，度數愈接近旺宮度數，行星能量就會愈強，而在過了旺宮度數後，行星強度就會逐漸減弱。

# 行星的強弱

| | 品位 | 運勢 | 行星特質與能力 |
|---|---|---|---|
| 強 | 旺宮星座 | 非常好運 | 可以有最大限度的發揮 |
| | 三方旺宮 | 好運 | 可以有更佳的表現 |
| | 自己的星座（主管星座） | 佳 | 可以穩定表現 |
| 弱 | 弱宮星座 | 障礙、困難 | 無法發揮原本的能力，但可以運用座落星座的特性 |

## 旺宮星座與度數

當各行星座落於右圖中的星座時，稱該行星為「入旺宮」（嚴格來說，是落入表中度數的情況）。一般而言，座落於「旺宮星座」的行星，即使不在度數範圍內也十分強烈。然而自然凶星不僅是好的一面，連作為凶星的力量也會增強，因此必須謹慎解讀。

| | 雙魚座 | 白羊座 | 金牛座 | 雙子座 | |
|---|---|---|---|---|---|
| | 金星 0-27 | 太陽 0-10 | 月亮0-3 羅睺 | | |
| 水瓶座 | | | | 木星 0-5 | 巨蟹座 |
| 摩羯座 | 火星 0-28 | | | | 獅子座 |
| | | 計都 | 土星 0-20 | 水星 0-15 | |
| | 人馬座 | 天蠍座 | 天秤座 | 處女座 | |

## 弱宮星座與度數

當行星如右圖所示，位於旺宮星座度數範圍的180度正對面時，會處於最弱的狀態。如果座落於「弱宮星座」，行星將會最難發揮原本的力量（只要過了弱宮度數，衰弱程度也會趨緩）。一般容易認為弱宮＝不佳，但仍有其積極正向的一面（參考下一頁）。

| | 雙魚座 | 白羊座 | 金牛座 | 雙子座 | |
|---|---|---|---|---|---|
| | 水星 0-15 | 土星 0-20 | 計都 | | |
| 水瓶座 | | | | 火星 0-28 | 巨蟹座 |
| 摩羯座 | 木星 0-5 | | | | 獅子座 |
| | | 月亮0-3 羅睺 | 太陽 0-10 | 金星 0-27 | |
| | 人馬座 | 天蠍座 | 天秤座 | 處女座 | |

「0～5」指的是度數介於 0～5度的情況。

## 三方旺宮

對行星而言，強度僅次於旺宮，相當舒適的位置為三方旺宮星座。如右圖所示，對於月亮之外的行星而言，其所主管的星座之一就是三方旺宮星座。

|  | 雙魚座 | 白羊座 | 金牛座 | 雙子座 |  |
|---|---|---|---|---|---|
|  |  | 火星 0-12 | 月亮 3-27 |  |  |
| 水瓶座 | 土星 0-20 |  |  |  | 巨蟹座 |
| 摩羯座 |  |  |  | 太陽 0-20 | 獅子座 |
|  | 木星 0-10 |  | 金星 0-15 | 水星 15-20 |  |
|  | 人馬座 | 天蠍座 | 天秤座 | 處女座 |  |

## 自己的星座與度數

當行星座落於原本主管星座的固定位置時，行星就會發揮正向作用。

|  | 雙魚座 | 白羊座 | 金牛座 | 雙子座 |  |
|---|---|---|---|---|---|
|  | 木星 0-30 | 火星 12-30 | 金星 0-30 | 水星 0-30 |  |
| 水瓶座 | 土星 20-30 |  |  | 月亮 0-30 | 巨蟹座 |
| 摩羯座 | 土星 0-30 |  |  | 太陽 20-30 | 獅子座 |
|  | 木星 10-30 | 火星 0-30 | 金星 15-30 | 水星 20-30 |  |
|  | 人馬座 | 天蠍座 | 天秤座 | 處女座 |  |

*Point*

### 試著解讀自己的人生

| 弱宮行星 | 積極面 |
|---|---|
| 太陽 | 自我主張減弱，擅於交際，能柔軟地與人相處 |
| 月亮 | 不受情感左右，能冷靜地審視事物 |
| 水星 | 具備不合邏輯且直覺性地掌握真相的深遠思考能力 |
| 火星 | 由於自我主張減弱，變得謙虛而不好爭鬥 |
| 金星 | 不會過度奢侈浪費，變得樸素節省 |
| 木星 | 不會變得過於樂觀，而能實際地思考事物 |
| 土星 | 變得缺乏耐性，但相對地不會固執守舊，而能靈活應對變化 |

# 九個行星的含義

## 太陽 ☉ 創造充滿希望未來的自傲領導者

| 主管星座 | 自然吉凶 | 行星主題 |
|---|---|---|
| 獅子座 | 弱凶星 | 我統治 |

滿足以下條件之一的人即屬於「太陽特質強烈的人」。

☐ 上升星座為獅子座。

☐ 太陽座落於第1宮，或與第1宮形成相映[※1]。

☐ 太陽落入星座主星為太陽的獅子座，或入旺宮星座（白羊座）。

### 含義

靈魂、純粹的意識、自我的象徵。從太陽落入哪個星座，可得知一個人基本的自我認同為何。太陽星座的特質顯示的是自己「想成為這樣的人」的理想、成長的方向。也能作為身心健康的指標，當太陽受到傷害或入弱宮時，一個人會變得缺乏活力，健康面或精神面會變得虛弱。

### 太陽特質強烈的人

擁有純真的靈魂、具有光明正大的存在感且自傲，是創造出充滿希望的願景，並引導眾人的領導者。渴望在公眾場合表現自我，並希望自己能成為中心焦點。適合從事政府或政治相關的工作、經營者或管理職等，為了眾人的幸福或社會盡心盡力的領導者、娛樂眾人的華麗演藝活動者。

※1 關於「相映」，將於 STEP 4（96頁～）中解說。

# 月 ☽　充滿愛情的母親

| 主管星座 | 自然吉凶 | 行星主題 |
|---|---|---|
| 巨蟹座 | 弱吉星 | 我感覺 |

滿足以下條件之一的人即屬於「月亮特質強烈的人」。

☐ 上升星座為巨蟹座。

☐ 月亮座落於第1宮，或與第1宮形成相映。

☐ 月亮落入星座主星為月亮的巨蟹座，或入旺宮星座（金牛座）。

## 含義

情緒、心情、日常生活的情感模式。月亮代表母親本身，月亮座落的星座代表孩提時期的環境，藉由月亮顯示的個性，可說是在孩提時期定型的內心與情感的反應模式或習慣。此外，也能從月亮的傷害了解需要克服的情感模式。受到凶星傷害的人會擁有童年創傷、情感上的不穩定性。

## 月亮特質強烈的人

有同理心、細膩且感受性高、具有母性且深情、有幽默感、擅於照顧人，是氛圍營造者般的存在。相反地，也有著好惡明顯、反覆無常且容易被情緒左右的傾向。由於有著母性的溫柔，而適合從事與動植物或孩童相關的工作、農業或畜牧業、護理師、諮商人員、整復美容按摩相關的業者、經營者、政治家。

# 水星 ☿ 掌握智慧關鍵的信差

| 主管星座 | 自然吉凶 | 行星主題 |
|---|---|---|
| 雙子座、處女座 | 弱吉星 | 我思考 |

## 滿足以下條件之一的人即屬於「水星特質強烈的人」。

☐ 上升星座為雙子座或處女座。

☐ 水星座落於第1宮，或與第1宮形成相映。

☐ 水星落入星座主星為水星的雙子座，或入旺宮星座（處女座）。

### 含義

思考、談話、學習、判斷的智慧能力或欲望。針對水星所座落的星座，或受其影響的行星相關的知識，會有渴求進一步了解的欲望及思考能力。水星狀態良好時，會賦予出色的溝通能力、學習能力與記憶力。比如說，受到金星的影響時，表現力會變得豐富而美麗；若受到火星的影響，思考會具邏輯性且敏捷，擅於討論。

### 水星特質強烈的人

好奇心旺盛、求知欲強烈且記憶力優秀。溝通能力強、能言善道、具邏輯思考分析事物的能力，並知道如何將經驗轉化為知識。因此可能會被視為愛以理服人而固執的人、輕視情感的冷酷的人。適合從事運用語言或資訊的大眾媒體相關工作、作家、口譯、筆譯、業務、教育工作者、祕書、會計等。

# 金星 ♀  豐盛的象徵、愛與美的女神

| 主管星座 | 自然吉凶 | 行星主題 |
|---|---|---|
| 金牛座、天秤座 | 強吉星 | 我和諧 |

滿足以下條件之一的人即屬於「金星特質強烈的人」。

☐ 上升星座為金牛座或天秤座。

☐ 金星座落於第1宮，或與第1宮形成相映。

☐ 金星落入星座主星為金星的金牛座、天秤座，或入旺宮星座
（雙魚座）。

## 含義

代表音樂或藝術才華、感官上的喜悅或樂趣、愛情表現、戀愛、婚姻。若是受到凶星傷害，在人際關係或戀愛關係上會遭遇困難。此外，根據金星與不同星座連結，在戀情中追求的事物也會有所不同：火象星座為熱情或浪漫，土象星座為舒適或穩定，風象星座為智慧交流，水象星座則為情感上的羈絆。

## 金星特質強烈的人

深情、沉穩、和藹可親、容易親近且善於交際，擁有優秀美感，追求感官上的喜悅與物質上的豐盛。既華麗、時髦且充滿魅力。另一方面，也容易流於奢侈或沉溺於享樂。適合從事活用優秀感性的藝術家、時尚、美容、設計業界、華麗的演藝相關工作、與戀愛或婚姻相關的工作、療癒他人的工作。

# 火星 ♂ 洋溢熱情與挑戰精神的戰士

| 主管星座 | 自然吉凶 | 行星主題 |
|---|---|---|
| 白羊座、天蠍座 | 強凶星 | 我行動 |

滿足以下條件之一的人即屬於「火星特質強烈的人」。

☐ 上升星座為白羊座或天蠍座。

☐ 火星座落於第1宮，或與第1宮形成相映。

☐ 火星落入星座主星為火星的白羊座、天蠍座，或入旺宮星座（摩羯座）。

## 含義

代表試圖滿足自己的欲望、達成目的的能量。精力充沛且具專注力、充滿勇氣、行動力及野心，但也有性情急躁、好鬥及魯莽的一面。火星會對受到影響的行星或宮位帶來紛爭、衝突、意外、傷害或疾病等。如果火星入弱宮，會成為膽小、不敢自我主張、畏戰的人。

## 火星特質強烈的人

熱情與挑戰精神會令其在各個領域都成為先驅。具備達成目的的專注力，以及具戰略性與邏輯性的思考能力。善於處理工具或機械。由於個性好強而容易樹敵，可能會因此變得孤單，需要面對的課題是如何放下憤怒的情感。適合從事運動、交通工具、科技、製造、警察、國防、救援、格鬥技、醫學相關的工作。

# 木星 ♃ 研究幸運、真理的靈性賢者

| 主管星座 | 自然吉凶 | 行星主題 |
|---|---|---|
| 人馬座、雙魚座 | 強吉星 | 我擴展 |

滿足以下條件之一的人即屬於「木星特質強烈的人」。

☐ 上升星座為人馬座或雙魚座。

☐ 木星座落於第1宮，或與第1宮形成相映。

☐ 木星落入星座主星為木星的人馬座、雙魚座，或入旺宮星座
（巨蟹座）。

### 含義

是帶來幸運與守護的最大吉星，會帶來擴張與發展、繁榮。研究宇宙法則或真理、精神上的睿智，並追求身而為人正確的生活方式、道德、哲學與神。木星會為受其影響的行星或宮位（請參照 STEP 5）帶來好運，並提升行星蘊含的能力。另一方面，如果受到火星或羅睺傷害，可能會在道德觀念上出現問題。

### 木星特質強烈的人

是開朗而積極的樂觀主義者。相信神、有強烈倫理道德觀、誠實且追求身而為人正確的生活方式，度量大且仁慈，會受人喜愛並相助，也有具哲學性理想主義者的一面。視情況而定，有的人會仰賴好運或他人的幫助，成為不知人間疾苦的懶惰鬼。適合靈性世界、宗教、思想、哲學、演講、科學、教育、法律、金融、投資、占星術、醫療相關工作。

# 土星 ♄　為人生帶來考驗的嚴格教師

| 主管星座 | 自然吉凶 | 行星主題 |
|---|---|---|
| 摩羯座、水瓶座 | 強凶星 | 我努力 |

滿足以下條件之一的人即屬於「土星特質強烈的人」。

☐ 上升星座為摩羯座或水瓶座。

☐ 土星座落於第1宮，或與第1宮形成相映。

☐ 土星落入星座主星為土星的摩羯座、水瓶座，或入旺宮星座
（天秤座）。

### 含義

秩序、紀律、限制或束縛的象徵。土星會賦予受其影響的宮位或行星主題義務或考驗，藉由加以克服，將獲得靈性方面的覺察或收穫，帶來更大的自由與幸福；倘若別開目光，就會過著悲觀而自我否定的人生。倘若將具耐性的努力與責任感全力傾注在靈魂真正想做的事情上，就會過著充實的人生。

### 土星特質強烈的人

非常有耐性，無論何種困難都不會放棄地面對。由於潛意識裡懷著不安，也有的人會因此失去自信或變得完美主義。如果能朝好的方向作用，就能獲得將事物化為現實的力量。需要面對的課題是如何放下不安或自我否定。適合從事需要毅力的工匠型創作類工作、建築、農業、製造業、政治家等相關工作。

# 羅睺 ☊ 奇特而不拘泥於框架的具影響力之人

| 主管星座 | 自然吉凶 | 行星主題 |
|:---:|:---:|:---:|
| 無 | 凶星 | 我欲望 |

滿足以下條件之一的人即屬於「羅睺特質強烈的人」。

☐ 羅睺座落於第1宮。

☐ 羅睺入旺宮星座（金牛座）。

## 含義

為世俗煩惱、享樂性質的欲望、獨創性的象徵。在賦予受到其影響的其他行星具創造性、活力與獨創性的同時，也會帶來古怪、不穩定或混沌。同時擁有外國、異文化、超乎常識的想法、發明、魔術、太空技術、神祕、靈感等含義。會令人如同上癮般澈底追求受其影響的宮位主題。

## 羅睺特質強烈的人

雖是獨特而破天荒、會持續追求欲望的物質主義者，但同時也有著善於交際、健談、活潑而討人喜歡的人品。創造力豐富且具有發明才華，對於外國、異文化、不可思議的事感興趣。也有容易沉迷於酒精等感官上享受的一面。適合從事與外國相關事物、貿易、新技術、神祕學、娛樂產業、航空太空產業等相關工作。

# 計都 ☋ 純粹的靈性修行者

| 主管星座 | 自然吉凶 | 行星主題 |
|---|---|---|
| 無 | 凶星 | 我放下 |

滿足以下條件之一的人即屬於「計都特質強烈的人」。

☐ 計都座落於第1宮。

☐ 計都入旺宮星座（天蠍座）。

## 含義

由於是消除煩惱、邁向解脫或開悟的行星，而具備追求靈魂淨化的出家修行者般的特質。具備直覺且深遠的思考，會徹底專注於一件事情上。也有著細膩而敏感、具超自然的力量及靈感、靈媒體質的一面。雖然會損傷受其影響的行星或宮位的主題，卻與斬斷對俗世的執著息息相關。

## 計都特質強烈的人

單純而自我犧牲、自我否定感強烈。沉默寡言而內向，容易把自己封閉起來，但具備深遠的思考及敏銳洞察力，並對神祕學或神祕相關事物興趣濃厚，擅於狂熱地追求。需要面對的課題是如何放下自我否定感。適合從事IT、技術、醫療、冥想、瑜伽、佛教、東方哲學、占星術、靈性、考古學、出家修行等相關工作。

# 試著從行星的意義
# 詳細解讀
# 自己的特質

## 1 試著寫下「行星座落的星座」、
## 「落入同一星座的行星」。

一顆行星會因為與其他行星相關聯（落入同一星座）而對其特質或傾向產生各式各樣的影響。比如說，當其他行星與上升點落入同一個星座時，除了加上星座特質，該行星的特質也會影響上升點所象徵的特質或能力。

由於上升點、太陽、月亮、水星、金星、火星落入一個星座的期間較短，而代表個人特質。在這項練習中，為了得知自己的特質，接下來就試著解讀上升點、太陽、月亮、水星、金星、火星的影響吧！

木星、土星、羅睺、計都是運行較慢的天體，會在一個星座裡停留一年以上，對世代的影響更甚於個人特質，因此不會在本書中介紹喔！

例）試著統整歌手約翰・藍儂先生的天宮圖……

| | 雙魚座 | 白羊座 | 金牛座 | 雙子座 | |
|---|---|---|---|---|---|
| | 上升點（As）<br>計都（Ke） | 木星（Ju）<br>土星（SaR） | 天王星（Ur） | | |
| 水瓶座 | | | | 冥王星（Pl） | 巨蟹座 |
| 摩羯座 | 月亮（Mo） | | | 金星（VeR） | 獅子座 |
| | | | 水星（Me） | 海王星（NeR）<br>火星（Ma）<br>羅睺（Ra）<br>太陽(Su) | |
| | 人馬座 | 天蠍座 | 天秤座 | 處女座 | |

| | 行星落入的星座 | 落入同一星座的行星 |
|---|---|---|
| 上升點 | 雙魚座 | 計都 |
| 太陽 | 處女座 | 火星、羅睺、海王星 |
| 月亮 | 摩羯座 | 無 |
| 水星 | 天秤座 | 無 |
| 金星 | 獅子座 | 無 |
| 火星 | 處女座 | 羅睺、太陽、海王星 |

在上方表格中，試著統整了上升點、太陽、月亮、
水星、金星、火星落入星座的名稱，
以及該星座是否有其他行星座落喔！

# 2 試著確認「行星座落的星座」、 「落入同一星座的行星」的徵象吧！

與 WORK 1 一樣，從卷末資料 176～179 頁的星座徵象，及 180～183 頁的「特質、能力」、「興趣、工作」的行星徵象中，挑選三個認為符合的關鍵詞並寫下來。

例）解讀約翰・藍儂先生的上升點……

## 上升點 基本特質或能力

・上升點座落於 （雙魚座）

　▶ 我擁有 （高度感受性、想像力豐富、深情） 的特質或能力。

・上升點與行星 （計都） 落入同一宮位

　▶ 具備這個行星的 （神祕力量、敏銳洞察力、出家修行者） 的特質或能力。

*Point*

約翰・藍儂先生曾前往印度，拜知名冥想指導者瑪哈禮希・瑪赫西・優濟（Maharishi Mahesh Yogi）為師，學習並修行印度哲學、超自然冥想。我認為這是展現了雙魚座的靈性特質或計都的修行者特質的行動。

## 太陽 靈魂與社會性、工作、成長方向、獲得成就感的事物

・太陽座落於 （處女座）

　▶ 我會活用 （智慧、一絲不苟、體貼的特質） 加以成長。

・太陽與行星 （火星、羅睺） 落入同一宮位

　▶ 活用這個行星的 （（火星）挑戰、勇敢、熱情，（羅睺）創造性、 善於交際、獨創性的特質） 加以成長。

*Point*

他會與妻子小野洋子一同投入反戰運動，應該是擁有火星與羅睺熱情、具挑戰性、獨創性的特質所導致。

### 月亮　內心或情感、容易感受的感情或表達方式
也代表著自幼受母親或孩提時代環境的影響。

- 月亮座落於 (摩羯座)
  - ▶ 我具備 (深思熟慮、謹慎、忍耐) 的特質。

> *Point*
> 他在孩提時代，沒能與親生父母一同生活，而是被阿姨夫妻養大的。應該是由於沒能獲得真正的親情，而讓他總是心懷不安，養成謹慎的個性。

---

### 水星　智慧、思考、求知慾相關領域

- 水星座落於 (天秤座)
  - ▶ 我對 (藝術、和諧、溝通) 感興趣，並具備理解該領域的智慧或思考能力。

> *Point*
> 他會對音樂或和平運動、藝術感興趣，應該是天秤座的藝術感性或對於愛、和諧、和平的想法所導致。

---

### 金星　樂趣、喜悅、愛情表現

- 金星座落於 (獅子座)
  - ▶ 我從 (音樂或藝術、令眾人感到愉快的事物) 中感覺到樂趣或喜悅。此外，我以 (純真、熱情、戲劇性) 的方式表達我的愛。

> *Point*
> 他能成為一名成功的音樂人，應該是因為他人生中的樂趣正是音樂，並會從令眾人感到愉快的事物中感覺到喜悅。

---

### 火星　為了獲得想要的事物的自我主張與行動力

- 火星座落於 (處女座)
  - ▶ 我會藉由 (分析、重視秩序、智慧性) 來主張，並採取行動。

> *Point*
> 他珍惜愛與靈性，追求世界和平、批評掌權人士，並充滿活立地投入反戰運動。

- 火星與行星 (海王星、羅睺、太陽) 落入同一星座
  - ▶ 藉由增添這個行星的特質 (海王星)深情，(羅睺)精力充沛，(太陽)正義感 來主張，並採取行動。

# 3

**試著寫下你天宮圖中「行星座落的星座」、「落入同一星座的行星」，並加以解讀。**

從卷末資料 176～179 頁的星座徵象，及 180～183 頁的「特質、能力」、「興趣、工作」的行星徵象中，挑選三個認為符合的關鍵詞並寫下來。

|  | 行星座落的星座 | 落入同一星座的行星 |
|---|---|---|
| 上升點 | 座 |  |
| 太陽 | 座 |  |
| 月亮 | 座 |  |
| 水星 | 座 |  |
| 金星 | 座 |  |
| 火星 | 座 |  |

## 上升點　基本特質或能力

· 上升點座落於（　　　　）座

　▸ 我擁有（　　　　　　　　　　　）
　　的特質或能力。

· 上升點與行星（　　　　）落入同一宮位

　▸ 具備這個行星的（　　　　　　　　　　）
　　的特質或能力。

## 太陽　靈魂與社會性、工作、成長方向、獲得成就感的事物

・太陽座落於 ◯◯◯◯◯ 座

　▸ 我會活用 ◯◯◯◯◯◯◯◯◯◯
　　的特質加以成長。

・太陽與行星 ◯◯◯◯◯ 落入同一宮位

　▸ 活用這個行星的 ◯◯◯◯◯◯◯◯◯
　　的特質加以成長。

## 月亮　內心或情感、容易感受的感情或表達方式
也代表著自幼受母親或孩提時代環境的影響。

・我的月亮座落於 ◯◯◯◯◯ 座

　▸ 我具備 ◯◯◯◯◯◯◯◯◯
　　的特質。

・我的月亮與行星 ◯◯◯◯◯ 落入同一宮位

　▸ 具備這個行星的 ◯◯◯◯◯◯◯◯◯
　　的特質。

## 水星　智慧、思考、求知慾相關領域

・水星座落於 ◯◯◯◯◯ 座

　▸ 我對 ◯◯◯◯◯◯◯◯◯
　　感興趣，並具備理解該領域的智慧或思考能力。

・我的水星與行星 ◯◯◯◯◯ 落入同一宮位

　▸ 對這個行星的 ◯◯◯◯◯◯◯◯◯
　　懷有求知慾，並具備理解該領域的智慧或思考能力。

## 金星　樂趣、喜悅、愛情表現

· 我的金星座落於（　　　　　）座

  ▸ 我從（　　　　　　　　　　　　　）

    感覺到樂趣或喜悅。

    此外，我以（　　　　　　　　　　　　）的方式表達我的愛。

· 我的金星與行星（　　　　　）落入同一星座

  ▸ 我從這個行星的（　　　　　　　　　　　）

    感覺到樂趣或喜悅。

    此外，我以（　　　　　　　　　　　　）的方式表達我的愛。

---

## 火星　為了獲得想要的事物的自我主張與行動力

· 火星座落於（　　　　　）座

  ▸ 我會藉由（　　　　　　　　　　　）

    來主張，並採取行動。

· 火星與行星（　　　　　）落入同一星座

  ▸ 藉由增添這個行星的特質（　　　　　　　　　　）

    來主張，並採取行動。

*Point*

補充本頁並未提及的木星與土星，木星是會帶來好運，土星則是帶來
考驗與成長的行星。木星會從座落星座的特質或人物、主題獲得好
運；另一方面，土星則會對座落星座的特質或人物、主題感到棘手，
或被賦予考驗。

每個行星也會各自受到稍後說明的主管行星或
相映影響喔！ 將相映的影響也納入後檢視，
可以多方深入理解我們的特質。

# 關於土星外行星

**關於對人類進化有重大影響的三個行星，**
**天王星、海王星、冥王星的角色**

　　傳統的印度占星學並不會納入被稱作土星外行星的天王星、海王星、冥王星。雖說主要原因是直到近代之前，都沒有觀測這些行星的技術，但實際上，在古代吠陀文獻中就已經記載了被認為是這三個行星的天體存在。在這裡，為了更全面性地掌握占星術，並理解宇宙的普遍真理、法則，在解析時會將這三個行星一併納入（不過請注意，本書所介紹的製作天宮圖網站中，並不會出現土星外行星）。

　　這三個土星外行星全是凶星，扮演著為人生帶來各式各樣的困難，並透過這份體驗，讓我們在靈性方面更加進化的角色。許多對靈性世界感興趣的人，或許都是受到了這三個行星的強烈影響。

# 透過天王星、海王星、冥王星了解的內容

## 天王星（Ur）

### 與宇宙相連的「偉大醒悟者」

帶來自由與革命，促使醒悟。若是受到天王星的強烈影響，會十分古怪、打破常識、具有天才型的智慧與獨創性，成為各種領域的先驅。適合需兼備直覺與邏輯思考兩者的科學、技術、醫療、占星術等領域。當消極負面的一面較突出時，會對凡事具反抗意識、反覆無常、沒有協調性、十分衝動且有自殘行為。

—— 關鍵詞 ——
天才性、獨創性、發明、發現、解放、改革、科學、技術、醫學、占星術、電力、電腦、混沌

—— 關鍵詞 ——
慈愛、同理心、療癒、神祕的能力、夢、理想、浪漫、豐富想像力、藝術、占卜、過敏體質、混亂

## 海王星（Ne）

### 司掌肉眼看不見的「神祕世界」

為與宇宙相連，創造充滿慈愛的和平世界的行星。受到海王星強烈影響的人，會有高度同理心、非常細膩而溫柔、容易受傷。也有些人喜歡占卜、療癒或通靈。靈感豐富，能在藝術、音樂、文學、電影等世界發揮才華。當消極負面作用較強時，會變得依賴人、容易混亂、有逃避現實的傾向。

—— 關鍵詞 ——
敏銳洞察力、控制、心理學、破壞、危機管理、保險、核能、獨裁、性別、性愛、憤怒、怨恨、嫉妒、激情

## 冥王星（Pl）

### 藉由破壞與重生促進「自我改變」

死亡與重生的行星。會藉由從身邊的人去世這種極限狀態中重新振作的經驗，帶來根本上的改變。潛藏於內心深處的黑暗衝動、本能性欲望的象徵。若是受到冥王星的強烈影響，能成為具領袖氣質的領導者，以強韌的精神力改變社會。而當消極負面作用較強時，會產生想以暴力手段控制他人、毀壞自己或世界的衝動。

由於天王星、海王星、冥王星會促使全體人類在每個時代所需的醒悟或進化，因此會對我們的人生帶來極大的影響喔！

# 藉由實例了解土星外行星的影響！

在此介紹「土星外行星」的天宮圖實例。
只要檢視古巴革命家切·格瓦拉的天王星，
就能明白他是「偉大的愛之革命家」。

## 切·格瓦拉

| | 雙魚座 | 白羊座 | 金牛座 | 雙子座 | |
|---|---|---|---|---|---|
| | 上升點(As)<br>天王星(Ur)<br>火星(Ma) | 木星(Ju)<br>金星(Ve) | 太陽(Su)<br>水星(Me)<br>羅睺(Ra) | 冥王星(Pl) | |
| 水瓶座 | 月亮(Mo) | | | | 巨蟹座 |
| 摩羯座 | | | | 海王星(Ne) | 獅子座 |
| | | 計都(Ke)<br>土星(SaR) | | | |
| | 人馬座 | 天蠍座 | 天秤座 | 處女座 | |

上升點座落於充滿慈愛的雙魚座，並且還有代表改革、革命的天王星
及代表戰士的火星座落於此。當他為了出席聯合國大會而在紐約停留
的期間，接受訪問時被問到「對革命家而言，重要的事情為何？」，他
的回答是「這聽起來或許很愚蠢，但真正的革命家是受偉大的愛所引
導著。對人類的愛、對正義的愛、對真相的愛，難以想像真正的革命
家會沒有愛」。這正是雙魚座與天王星精神的最好表現。天王星也是代
表醫師的行星，而實際上，他同時也是一名醫師。

# 雙胞胎的命運會相同嗎？

當學會用占星術解讀天宮圖或命運時後，想必會浮現一個很大的疑問。

那就是「雙胞胎會擁有同樣的天宮圖，以及相同的命運嗎？」但實際上，並不存在性格完全相同、過著同樣人生的雙胞胎。

若是靠基礎等級的解析，無法區分雙胞胎的命運。然而在印度占星學中，存在名為分宮圖的高級技法，能夠解讀出生時間僅僅幾分鐘之間的差異。即使是雙胞胎，只要出生時刻相差十分鐘、十五分鐘，個性、才華、婚姻運、工作運等就會產生差異。藉由運用分宮圖，就能解讀雙胞胎各自的命運。印度占星學的強大魅力，正是這連出生時刻僅差幾分鐘的差異都能加以辨別的高精密度。

# 行星組合

## 藉由行星、宮位、星座相結合而彼此影響的組合

　　所謂的組合是行星、宮位與星座相結合的特定法則，大致上分為四種。結合的強度依序為星座互容＞會合＞相映＞座落。

### 星座互容

意指兩個星座的主管行星互相交換的組合。

月亮座落於太陽主管的獅子座，而太陽座落於月亮主管的巨蟹座（交換彼此的星座）。

### 會合

意指兩個以上的行星座落於同一個星座的組合。

木星與太陽座落於同一星座或宮位。也會以「同宮」形容這種情況。

### 座落

意指行星座落的宮位與其主管宮位相結合。

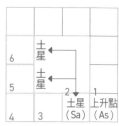

土星主管第5宮及第6宮，且座落在第2宮。因此有第5宮與第2宮、第6宮與第2宮兩種結合方式。

# 相映有四種模式

### 其1 第七個 相映座落

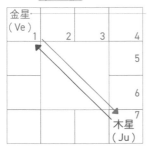

除了羅睺與計都之外的七顆行星座落於某星座時，會與從該星座算起第七個星座形成相映。如果第七個星座中有行星座落，就會互成相映。

### 其2 木星 的相映

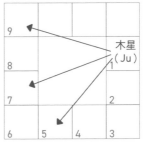

木星除了與從座落星座算起第七個星座形成相映外，亦與第五個、第九個星座形成相映。

### 其3 土星 相映座落

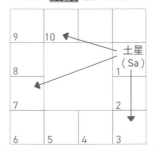

土星除了與從座落星座算起第七個星座形成相映外，亦與第三個、第十個星座形成相映。

### 其4 火星 的相映

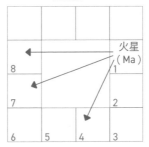

火星除了與從座落星座算起第七個星座形成相映外，亦與第四個、第八個星座形成相映。

*Point*

所謂的相映是行星從座落星座對特定星座或行星、宮位造成影響的配置。相映通常是單方面的，但若是滿足了特定條件，就會形成「互成相映」（如其1的圖中，箭頭為雙向）。

# 印度占星學的相映

**連結行星、宮位、星座的基本概念，
解讀天宮圖時不可或缺**

　　對於從行星、宮位、星座綜合解讀的印度占星學而言，相映是重要的概念之一。若要比喻，行星是登場人物，宮位是腳本，星座則是場景，而印度占星學要解讀的，就是從中創造而出的人生的一幕場景。

　　相映這個詞彙指的不僅是角度，還出自「注視」（視角）這個語源。換句話說，行星不僅會影響其座落的宮位，還會將視角拋至與其形成相映的其他星座與行星，造成影響。在西洋占星術中使用的則是「相位」一詞，但代表的意思是兩顆行星構成角度所形成，而不像印度占星學一樣，也會與宮位或星座形成相映。

※ 在印度占星學中，並沒有土星外行星的相映定義。

# 解讀相映

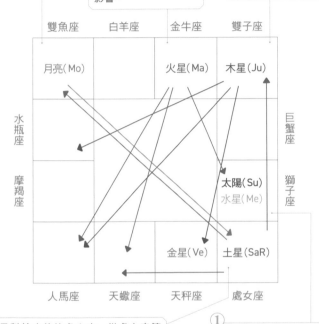

② 月亮與土星互成第七個相映，並互相影響。

⑤ 火星對從金牛座算起第四個的獅子座以及座落於此的太陽與水星、算起第七個的天蠍座、算起第八個的人馬座造成影響。

③ 木星對從雙子座算起第五個的天秤座與座落於此的金星、算起第七個的人馬座、算起第九個的水瓶座造成影響。

雙魚座　白羊座　金牛座　雙子座

月亮(Mo)　　火星(Ma)　木星(Ju)

水瓶座

摩羯座

太陽(Su)
水星(Me)

巨蟹座

獅子座

金星(Ve)　土星(SaR)

人馬座　天蠍座　天秤座　處女座

④ 土星對其座落的處女座、從處女座算起第三個的天蠍座、算起第七個的雙魚座、算起第十個的雙子座及座落於此的木星造成影響。

① 由於太陽與水星座落於同一星座，因此形成會合（位於同宮）。

*Point*

首先檢視太陽、月亮、水星、金星的第七個相映，其次檢視有特殊規則的木星、土星、火星。從上方的天宮圖中可得知，太陽受到火星的相映而變得精神充沛且熱情，可發揮強大的領導能力。

WORK *3*

# 試著在天宮圖上
# 解讀行星的相映

**1** 首先試著檢視太陽、月亮、水星、金星的第七個相映，其次檢視火星、木星、土星的相映。

例）解讀史蒂夫・賈伯斯先生的上升點……

月亮與第七個星座 *處女座* 形成相映。

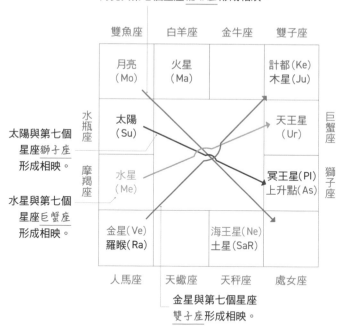

太陽與第七個星座獅子座形成相映。

水星與第七個星座巨蟹座形成相映。

金星與第七個星座雙子座形成相映。

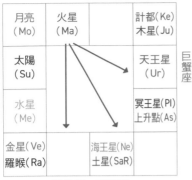

**火星與**

第七個星座 <u>天秤</u> 座、

第四個星座 <u>巨蟹</u> 座、

第八個星座 <u>天蠍</u> 座

形成相映。

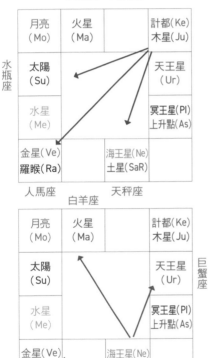

**木星與**

第七個星座 <u>人馬</u> 座、

第五個星座 <u>天秤</u> 座、

第九個星座 <u>水瓶</u> 座

形成相映。

**土星與**

第七個星座 <u>白羊</u> 座、

第三個星座 <u>人馬</u> 座、

第十個星座 <u>巨蟹</u> 座

形成相映。

*Point*

由於解讀行星與行星的相映是高階內容，本書不會提及。在 STEP 5 中會檢視以宮位為單位的相映，在此之前，請先將解讀行星與星座相映的方式融會貫通吧！

## 2　接下來，請試著在你的天宮圖上
## 　 寫下行星的相映吧！

在下表中抄寫你的天宮圖，並試著填入相映。

| 雙魚座 | 白羊座 | 金牛座 | 雙子座 |
|---|---|---|---|

水瓶座

摩羯座

巨蟹座

獅子座

| 人馬座 | 天蠍座 | 天秤座 | 處女座 |
|---|---|---|---|

- 太陽與第七個星座 _____ 座形成相映。

- 月亮與第七個星座 _____ 座形成相映。

- 水星與第七個星座 _____ 座形成相映。

- 金星與第七個星座 _____ 座形成相映。


- **火星**

  第七個星座 _____ 座、

  第四個星座 _____ 座、

  第八個星座 _____ 座形成相映。


- **木星**

  第七個星座 _____ 座、

  第五個星座 _____ 座、

  第九個星座 _____ 座形成相映。


- **土星**

  第七個星座 _____ 座、

  第三個星座 _____ 座、

  第十個星座 _____ 座形成相映。


如前所述，行星會藉由相映，對跟自己相距甚遠的
星座或宮位造成影響。在解讀相映的過程中，
也能解讀出我們多樣化且複雜的特質或人生之中
各式各樣的事件喔！

# 宮位代表的
# 內容為何？

## 印度占星學特有的「宮位制」，
## 十二宮位各自蘊含的意義

　　宮位被分配了各式各樣的徵象，這稱作「宮位制」，是印度占星學中非常重要的概念。在這世上的事態現象或人際關係全都能對應十二宮位的其中之一，是解讀人生主題時的關鍵。統整於右頁表格中的十二宮位徵象，不過是其中一小部分。話雖如此，也沒必要特地背誦所有徵象，只要在一再解析天宮圖的過程中，自然而然地理解各宮位的特徵就行了（宮位的詳細徵象請參照184頁）。

　　此外，在現代西洋占星術中有許多分割宮位的方式，而在印度占星學中，則使用將一個星座完全對應一個宮位的「整個星座宮位制」。

# 宮位的主要徵象

### 🌸 第1宮 🌸
身體、容貌、幸福或不幸、名聲、和平、富裕、健康、家世、血統、生命、自尊心、出生地

### 🌸 第2宮 🌸
收入、利益、累積財富、飲食、語言、演講、交談、家人（同居人）、家庭

### 🌸 第3宮 🌸
勇氣、努力、技術訓練、訓練、精神上的強韌、專注力、短距離移動、音樂、舞蹈、藝術、興趣、愛國心、本人的壽命、鄰國

### 🌸 第4宮 🌸
家庭、土地、不動產、家具、交通工具（車輛、飛機、船隻）、基本教育、幸福、情緒、記憶、知識、農業、採礦業、議會、在野黨

### 🌸 第5宮 🌸
創造、學習、智慧（邏輯性）、前世累積的功德（作為回報的才華）、文學、藝術、戀愛、威嚴、宗教上的實踐、投機、首相

### 🌸 第6宮 🌸
爭執、疾病、意外、部下、親戚、訴訟、考試、競爭、選舉、債務、服務、勞動、僱傭工作

### 🌸 第7宮 🌸
戀愛、婚姻、配偶、性愛、人際關係、社會生活、失憶、社會聲望、工作夥伴

### 🌸 第8宮 🌸
壽命、研究、生命、突然、不規律、麻煩、遺產、名譽掃地、罪行、懲罰、殘酷的行為、精神上的苦惱、慢性病、祕密、瑜珈、冥想、心理學、神祕學

### 🌸 第9宮 🌸
好運、宗教、上師（老師、師父）、高度知識、慈善、為神祇或上師犧牲奉獻、信仰、品德高尚的行徑、長距離移動、外國、聖地巡禮

### 🌸 第10宮 🌸
名譽、地位、天職、天命、社會使命、社會性行動、職業、政府、公務員、影響力

### 🌸 第11宮 🌸
收入、利益、定期收入、社會上的評價、勳章、實現願望、運用才華的本事

### 🌸 第12宮 🌸
損失、開支、投資、償還債務、布施、捐贈、從人世解脫、擺脫苦惱、出家、隱遁、入獄、住院、外國、移居、失去權力或權威

# 宮位及宮主星

**十二宮位各自擁有的主管行星，**
**與十二星座的主管行星相同**

　　如同十二星座各自擁有主管行星，十二宮位也各自存在著主管行星。而且與各宮位對應星座的主管行星是相同的。比如說，如果第 1 宮是獅子座，那麼第 1 宮的宮主星就是太陽。此外，在這樣的情況下，太陽主管的宮位就是第1宮。

　　星座與宮位雖然不同，但可以看到十二星座與十二宮位之間存在著密切的共通點。比如說，從作為十二星座起點的白羊座算起，第四個星座為巨蟹座，這是充滿母愛的星座，需要的是作為人生基礎的家庭或房屋；另一方面，第 4 宮的關鍵詞則為家庭、土地、不動產。星座與宮位的數字上，就像這樣存在共通的解釋，得知這些共通點，在解讀天宮圖上就會有所幫助。

# 試著從宮位解讀人生主題

## 1 試著寫下各行星的主管宮位與座落宮位

例）以史蒂夫·賈伯斯先生來看……

比如說，太陽主管的獅子座為第1宮。而賈伯斯先生的太陽（Su）落入水瓶座，對應的是第7宮。以這樣的方式統整各行星的主管宮位與座落宮位等內容後，呈現的就是下方的表格。

|  | （木星）雙魚座 | （火星）白羊座 | （金星）金牛座 | （水星）雙子座 |  |
|---|---|---|---|---|---|
|  | 月亮（Mo）8 | 火星（Ma）9 | 10 | 計都（Ke）木星（JuR）11 |  |
| （水瓶座）（土星） | 太陽（Su）7 |  |  | 天王星（UrR）12 | （巨蟹座）（月亮） |
| （摩羯座）（土星） | 水星（MeR）6 |  |  | 冥王星（PlR）上升點（As）1 | （獅子座）（太陽） |
|  | 金星（Ve）羅睺（Ra）5 | 4 | 海王星（NeR）土星（Sa）3 | 2 |  |
|  | 人馬座（木星） | 天蠍座（火星） | 天秤座（金星） | 處女座（水星） |  |

| 行星 | 主管星座 | 主管宮位 | 座落星座 | 座落宮位 |
|---|---|---|---|---|
| 太陽 | 獅子座 | 1 | 水瓶座 | 7 |
| 月亮 | 巨蟹座 | 12 | 雙魚座 | 8 |
| 水星 | 雙子座 | 11 | 摩羯座 | 6 |
|  | 處女座 | 2 |  |  |
| 金星 | 金牛座 | 10 | 人馬座 | 5 |
|  | 天秤座 | 3 |  |  |
| 火星 | 白羊座 | 9 | 白羊座 | 9 |
|  | 天蠍座 | 4 |  |  |
| 木星 | 人馬座 | 5 | 雙子座 | 11 |
|  | 雙魚座 | 8 |  |  |
| 土星 | 摩羯座 | 6 | 天秤座 | 3 |
|  | 水瓶座 | 7 |  |  |

試著從宮位檢視「人生主題」吧，主要有以下三個重點。各個宮位的徵象，請從卷末資料的「宮位徵象一覽」（184頁）中，挑選三〜四個感興趣的關鍵詞並寫下來。

Point 1

第1宮的宮主星
座落的宮位
↓
**人生中的重要主題**

Point 2

太陽（代表靈魂成
長的方向）座落的
宮位
↓
**人生目的、想努力
獲得成長的主題**

Point 3

月亮（代表內心）
座落的宮位
↓
**感興趣的主題、
內心平靜**

例）以史蒂夫·賈伯斯先生來看……

1　第1宮的宮主星（　太陽　）座落於第（　7　）宮

這個宮位的（　婚姻、人際關係、工作夥伴、社會聲望　）

是人生中的重要主題。

2　太陽座落於第（　7　）宮

這個宮位的（　婚姻、人際關係、工作夥伴、社會聲望　）

顯示出靈魂成長的方向。

3　月亮座落於第（　8　）宮

這個宮位的（　冥想、瑜伽、神祕學、神祕知識　）

是感興趣的主題。

*Point*

賈伯斯先生第1宮的宮主星與太陽落入同一宮位，因此二度強調了第7宮的主題，由此可知這點在他的人生中重要度極高，想必他一定擁有想在社會上獲得成功的強烈想法。此外，由於第1宮宮主星座落於水瓶座，這個星座所象徵的最尖端科技或發明、引發創新也是他的靈魂主題。而月亮落入的第8宮則為靈性宮位，他在年輕時曾前往印度旅行尋求開悟，後來成為佛教徒並實踐坐禪。月亮座落的星座也是靈性的雙魚座，因此二度強調了月亮所擁有的主題。

## 2 寫下你的天宮圖上，各行星的主管宮位與座落宮位，並試著解讀。

在你的天宮圖上，上升點位於何處？將上升點落入的星座作為第1宮，並以順時針順序寫上編號（於右圖）。接著也填入各行星，並將主管宮位與座落宮位統整於下列表格中，並寫下宮位的徵象。

| 行星 | 主管星座 | 主管宮位 | 座落星座 | 座落宮位 |
|------|---------|---------|---------|---------|
| 太陽 | 獅子座 | | | |
| 月亮 | 巨蟹座 | | | |
| 水星 | 雙子座 | | | |
| | 處女座 | | | |
| 金星 | 金牛座 | | | |
| | 天秤座 | | | |
| 火星 | 白羊座 | | | |
| | 天蠍座 | | | |
| 木星 | 人馬座 | | | |
| | 雙魚座 | | | |
| 土星 | 摩羯座 | | | |
| | 水瓶座 | | | |

### 1 人生中的重要主題
第1宮的宮主星（ 　　　　　 ）座落於第（ 　　　 ）宮
這個宮位的（ 　　　　　　　　　　　　　 ）是人生中的重要主題。

### 2 靈魂成長的方向或目的
太陽座落於第（ 　　　 ）宮
這個宮位的（ 　　　　　　　　　　　 ）顯示出靈魂成長的方向。

### 3 感興趣的主題
月亮座落於第（ 　　　 ）宮
這個宮位的（ 　　　　　　　　　　　 ）是感興趣的主題。

# 透過宮位分類進一步綜合解讀

## 了解基礎的宮位分類，綜合解讀天宮圖

　　印度占星學的宮位依主題大致分為四類，這點在綜合判斷天宮圖的吉凶上相當重要。比如說，第 1 宮、第 5 宮、第 9 宮稱作「三方宮」，主管及座落於此的行星會發揮正向作用，帶來好運。

　　本書中提及的基礎宮位分類，在後面說明解讀顯示人生方向的宮位（122 頁）、PART 3 使用百二大運時會是參考素材。此外，雖然在本書中不會提及，但這些內容還能用來判斷一個人應當前進的人生方向為何、此時此刻將會迎接怎樣的局面，甚至還能在將宮位（星座）分類後，從特質解讀出一個人的心理狀態為何。

# 解析時最為重要的四種宮位分類

要檢視自己的
好運時……

## ①三方宮（第1、5、9宮）

| | 雙魚座 | 白羊座 | 金牛座 | 雙子座 | |
|---|---|---|---|---|---|
| 水瓶座 | 3 | 4 | 5 | 6 | 巨蟹座 |
| 摩羯座 | 2 | | | 7 | 獅子座 |
| | 1 As | | | 8 | |
| | 12 | 11 | 10 | 9 | |
| | 人馬座 | 天蠍座 | 天秤座 | 處女座 | |

要檢視何處
受守護時……

## ②始宮（第1、4、7、10宮）

| | 雙魚座 | 白羊座 | 金牛座 | 雙子座 | |
|---|---|---|---|---|---|
| 水瓶座 | 3 | 4 | 5 | 6 | 巨蟹座 |
| 摩羯座 | 2 | | | 7 | 獅子座 |
| | 1 As | | | 8 | |
| | 12 | 11 | 10 | 9 | |
| | 人馬座 | 天蠍座 | 天秤座 | 處女座 | |

要檢視努力的
傾向時……

## ③凶宮（第3、6、11宮）

| | 雙魚座 | 白羊座 | 金牛座 | 雙子座 | |
|---|---|---|---|---|---|
| 水瓶座 | 3 | 4 | 5 | 6 | 巨蟹座 |
| 摩羯座 | 2 | | | 7 | 獅子座 |
| | 1 As | | | 8 | |
| | 12 | 11 | 10 | 9 | |
| | 人馬座 | 天蠍座 | 天秤座 | 處女座 | |

要檢視自己的
困難時……

## ④困難宮（第6、8、12宮）

| | 雙魚座 | 白羊座 | 金牛座 | 雙子座 | |
|---|---|---|---|---|---|
| 水瓶座 | 3 | 4 | 5 | 6 | 巨蟹座 |
| 摩羯座 | 2 | | | 7 | 獅子座 |
| | 1 As | | | 8 | |
| | 12 | 11 | 10 | 9 | |
| | 人馬座 | 天蠍座 | 天秤座 | 處女座 | |

接下來將參考實例詳細檢視，請一邊參照座落行星、主管行星的吉凶
（71頁），一邊確認。

## ① 三方宮（第1、5、9宮）

第1、5、9宮是顯示前世累積的善行，能獲得何種幸運恩惠的宮位，可透過主管及座落於此宮位的行星，得知人生的何種領域擁有好運。即使主管、座落於此的行星是自然凶星，仍能發揮正向作用帶來好運。座落於此宮位的行星能獲得好運，座落於此的行星所主管的宮位主題也同樣能獲得好運。

**試著檢視席琳・狄翁小姐（歌手）的天宮圖。**

主管第9宮的木星座落於第2宮，擁有從第2宮所代表的臉、語言、聲音方面獲得收入的好運。她之所以能以歌手身分獲得成功，應該是因為擁有出色歌喉這種第2宮的好運。

| 雙魚座（木星） | 白羊座（火星） | 金牛座（金星） | 雙子座（水星） |
|---|---|---|---|
| 羅睺（Ra）<br>土星（Sa）<br>太陽（Su）<br>9 | 月亮（Mo）<br>火星（Ma）<br>10 | 11 | 12 |
| 金星（Ve）<br>水星（Me）<br>8 | | | 上升點（As）<br>1 |
| | | | 木星（JuR）<br>冥王星（PlR）<br>2 |
| 7 | | | 天王星（UrR）<br>計都（Ke）<br>3 |
| | 海王星（NeR）<br>5 | 4 | |
| 6 | | | |

水瓶座（土星）　摩羯座（土星）

巨蟹座（月亮）　獅子座（太陽）

人馬座（木星）　天蠍座（火星）　天秤座（金星）　處女座（水星）

座落於第9宮的土星為第7宮的宮主星，暗示著婚姻運佳，實際上，她的丈夫雷尼・安傑利正是一名在加拿大獲得成功的歌手及音樂製作人。

第1宮與第5宮雖然沒有行星 ※，但各自的宮主星月亮與火星均座落於代表工作的第10宮，代表著工作運佳。

※ 由於海王星沒有主管宮位，亦不會顯示於大運中，因此在這裡不作討論。

## ② 始宮（第1、4、7、10宮）

第1、4、7、10宮為守護的宮位，代表的是人生中最重要的四大支柱（第1宮：自己本身或健康、第4宮：母親／住宅／內心幸福、第7宮：配偶或人際關係、第10宮：父親／工作／社會上的評價與地位）。若是有吉星落入此宮位，人生就會受到守護；若是有兩個以上的凶星落入此宮位，就容易過著操勞的人生。

**試著檢視妮可‧基嫚小姐（女演員）的天宮圖。**

凶星羅睺落入第7宮，凶星火星與第7宮形成相映，這代表著與配偶之間的關係會有困難。她先是與湯姆‧克魯斯先生結婚後離了婚，又與齊斯‧艾本先生再婚。

|  | 雙魚座 | 白羊座 | 金牛座 | 雙子座 |  |
|---|---|---|---|---|---|
|  | 土星（Sa）<br>6 | 羅睺（Ra）<br>7 | 8 | 太陽（Su）<br>水星（Me）<br>9 |  |
| 水瓶座 | 5 |  |  | 木星（JuR）<br>金星（Ve）<br>10 | 巨蟹座 |
| 摩羯座 | 4 |  |  | 冥王星（PlR）<br>天王星（UrR）<br>11 | 獅子座 |
|  | 3 | 月亮（Mo）<br>2 | 計都（Ke）<br>上升點（As）<br>海王星（NeR）<br>1 | 火星（Ma）<br>12 |  |
|  | 人馬座 | 天蠍座 | 天秤座 | 處女座 |  |

凶星計都座落於第1宮，暗示著有健康上的問題，她在歷經不孕症治療後，由代理孕母生下了孩子。

大吉星木星與金星座落於第10宮，她在工作上大獲成功，並於二〇一八年獲選為《時代》百大人物。

### ③ 凶宮（第3、6、11宮）

第3、6、11宮這些凶宮的宮主星凶性強烈，會發揮負面作用。座落於此的自然凶星會賦予跨越困難的力量，或令疾病痊癒的力量；而座落於此宮位的行星，一開始會帶來苦難，但只要努力就能開拓道路。

**試著檢視奧黛麗‧赫本小姐（女演員）的天宮圖。**

如同她的名言，「我會踏上女演員之路純屬偶然，我默默無名，既無自信也無經驗，而且骨瘦如柴。所以我竭盡全力地努力，這點讓我能稱讚自己」所表達的，她是一個努力的人。

|  | 雙魚座 | 白羊座 | 金牛座 | 雙子座 |  |
|---|---|---|---|---|---|
|  | 金星（Ve）<br>天王星（UrR）<br><br>2 | 太陽（Su）<br>木星（JuR）<br>羅睺（Ra）<br>3 | 水星（Me）<br><br>4 | 冥王星（PlR）<br><br>5 |  |
| 水瓶座 | 月亮（Mo）<br>上升點（As）<br>1 |  |  | 火星（Ma）<br><br>6 | 巨蟹座 |
| 摩羯座 | 12 |  |  | 海王星（NeR）<br><br>7 | 獅子座 |
|  | 土星（Sa）<br><br>11 | 10 | 計都（Ke）<br><br>9 | 8 |  |
|  | 人馬座 | 天蠍座 | 天秤座 | 處女座 |  |

凶星太陽與羅睺座落於第3宮，凶星火星座落於第6宮，凶星土星座落於第11宮。由於除了計都以外的凶星全都座落於凶宮，可得知有強烈的努力特質。

## ④ 困難宮（第6、8、12宮）

主管及座落於第6、8、12宮的行星凶性強烈，會帶來厄運或障礙，行星若是集中於此宮位，容易步上與普通人截然不同的人生，或是在社會上遭遇困難的傾向。困難宮代表著業的清算，第12宮雖會帶來困難，卻也意味著藉由跨越、淨化苦惱而擺脫苦惱。

**試著檢視薄伽梵・師利・拉者尼舍**
**（Bhagavan Shrī Rajanīsha，神祕學思想家）的天宮圖。**

|  雙魚座 | 白羊座 | 金牛座 | 雙子座 |  |
|---|---|---|---|---|
| 天王星（UrR）<br>羅睺（Ra）<br><br>11 | <br><br>12 | 上升點（As）<br><br>1 | 冥王星（PlR）<br><br>2 | |
| 水瓶座<br><br>10 | | | 木星（JuR）<br><br>3 | 巨蟹座 |
| 摩羯座<br><br>9 | | | 海王星（NeR）<br><br>4 | 獅子座 |
| 土星（Sa）<br>月亮（Mo）<br>金星（Ve）<br>水星（Me）<br>火星（Ma） 8 | 太陽（Su）<br><br>7 | <br><br>6 | 計都（Ke）<br><br>5 | |
| 人馬座 | 天蠍座 | 天秤座 | 處女座 | |

行星集中於困難宮中凶性最強的第8宮，代表著充滿厄運、困難的人生。他雖然追求純粹的宗教性，卻因為特立獨行的言論（受到第8宮影響）而引發眾多反彈或非議，並在美國歷經了鋃鐺入獄、驅逐出境等眾多困難，這應該是因為行星集中於第8宮所導致。

# 詳細解說十二宮位的主題……

## 第 1 宮　　代表「身體」這個人生的資本

為象徵身體、健康、出生環境等，與自己相關的一切的宮位。與 QOL（Quality of Life：生活品質）及健康直接相關，健康的身體人生一切的基礎，就這個意義上而言是最為重要的宮位。基本徵象為從身體衍伸的自己本身、幸運或不幸、名聲、和平、富裕、生命、威嚴、自尊心、容貌等；此外也意味著孩提時期的環境、出生地、血統、家世等。檢視第 1 宮也能得知基礎特質、才華及能力。

| *Check Point 1* | *Check Point 2* |
| --- | --- |
| 第1宮的宮主星座落的宮位代表的是「人生主題」。如果第1宮的宮主星座落於第9宮，人生主題就是提升精神力、外國、長期旅行等。請務必確認看看！ | 座落於此的行星會對自己本身的生活方式、外表、個性整體都帶來龐大影響。如果太陽落入第1宮，在印度占星學中就意指前世仍有未竟之事，並命中註定要在這一世達成。 |

## 第 2 宮　　「擁有」家人、金錢、語言

為「擁有」的宮位，由於人誕生於世就會擁有家人（包括同居人），因此代表的是出生成長的家庭環境；也意指從擁有家人衍伸的收入或財產；與攝取（擁有）營養到體內的飲食、嘴相關；並有著語言、交談、演講的含義；也有臉的徵象。在第 2 宮與凶星有強烈關聯的人，常會口出惡言，也容易跟家人交惡。重新檢視自己的遣詞用字吧！此外，也容易攝取有礙健康的飲食。

| *Check Point 1* | *Check Point 2* |
| --- | --- |
| 會表現出對食物的喜好，吉星會注重健康飲食，凶星則容易攝取有礙身體健康的飲食。木星會傾向選擇素食等健康飲食；火星會喜歡吃肉喝酒、辛辣食物；羅睺則會喜歡垃圾食物；月亮或金星則是甜食派；計都則會傾向粗茶淡飯。 | 如果有帶來好運的三方宮的宮主星，或是代表收入的第11宮宮主星座落於此，則會有收入或財產上的收穫。此外，如果有許多行星座落於此，則會因為擁有眾多事物而有能累積財產的傾向。 |

# 第 3 宮　促使努力、成長的「煩惱」宮位

為煩惱或欲望的宮位。因此比起吉星，更希望是凶星座落於此。吉星如果座落於此，就容易因為欲望獲得滿足而怠惰；反之，凶星如果座落於此就能促其努力斬斷煩惱、下定決心成長。擁有好奇心的徵象，並意味著從中衍伸出的對興趣、旅行、變化、移動的喜好，這些也同時意味著不穩定性。第 3 宮為從第 4 宮算起第十二個（喪失宮）宮位，也有失去房屋＝搬家的含義，因此行星如果集中於第 3 宮，就有著好奇心旺盛、喜歡變化、喜歡旅行、一再搬家的傾向。

### *Check Point 1*

前一個宮位第2宮的徵象＝需要工作賺取金錢，而第3宮則代表工作所需的技能；此外也有比自己小的弟妹的徵象。這源自傳統的社會習慣——若要外出工作，弟妹的協助是不可或缺的。

### *Check Point 2*

好奇心的對象、喜好的興趣會根據座落於此的行星而改變。如果是火星座落於此，就會具有勇氣、變得喜歡運動；金星座落於此，興趣就會是舞蹈、音樂、繪畫等藝術相關的事物；木星座落於此，則會對文學等感興趣。

# 第 4 宮　構築人生基礎的「土」之宮位

可說是天宮圖上的「大地」所在位置。大地意指地球、大地母親、我們的家、從那裡誕生了母親、住宅、家庭、農業這些徵象，也意味著因母子關係而孕育的內心穩定、情緒、幸福。從屹立不搖的概念，也帶有土地、不動產、建築物的含義；此外由於地球是載著我們在宇宙空間移動著，也意指交通工具。第 4 宮狀況良好（有吉星落入等）的人，會受惠於母親、情緒穩定，並擁有適合的住處。第 4 宮受到傷害的人容易內心不穩定且經常搬家，有著輾轉於各種地方，或移居國外的傾向。

### *Check Point 1*

代表情感的表現方式。會根據影響第4宮的行星性質表現情感，受到吉星影響時，會帶來穩定的情感與幸福感；受到凶星的影響時，也會呈現心理上的課題或心理創傷。

### *Check Point 2*

有出生地之意，如果第4宮的宮主星落入第3宮或第12宮，就會遠離出生地生活，或是一再搬家。當火星等凶星落入第4宮時，似乎許多人會覺得老家住起來不自在，而離開出生地。

# 第5宮　表現自我的「創造性」

創造性的宮位。在第4宮構築好人生基礎後，接著就要向外表現自我，因此，本質上為創造出某些事物的含義。此外，第5宮也意指前世累積的功德，並以自身才華的形式顯現。徵象有孩子、戀愛、藝術、文學、音樂等。此外也代表思考方式、思想、邏輯性、智慧，第5宮狀況良好的人富有高度智慧與創造力，能發揮各式各樣的能力。第5宮也是孩子的宮位，如果受到凶星傷害，可能會難以得到孩子，或是有育兒方面的煩惱。

*Check Point 1*

第5宮也是教育宮位，可從才華、適合度、興趣來解讀一個人適合接受何種教育、專攻哪個領域。如果有凶星座落於此，就適合理科；如果是吉星落入則適合文科。如果第5宮受到傷害，也會在學業方面遇到困難。

*Check Point 2*

第5宮也代表著藝術或創造性活動的適合度。有吉星座落於此的人，富有創造才華，能在自我表現的藝術或演藝、舞臺活動、需要創造性的領域上發揮才華。

# 第6宮　跨越「障礙」之後……

為跨越訴訟、爭執、受傷、疾病、負債、離婚等障礙，促使人成長的宮位。如果有凶星落入第6宮，一個人的耐心、專注力、精神力就會受到鍛練，發揮正向作用。像運動選手般生活在競爭世界中的人，如果有火星落入第6宮，就會擁有戰鬥的勇氣，但如果生病會是需要動手術的急症，尤其是火星等凶星帶來影響時，必須提防意外。吉星落入第6宮的人不愛紛爭，當金星座落於此，會是個和平主義者。容易與第6宮宮主星座落的宮位所代表的人物對立，比如說，如果座落於第9宮，就代表會與父親對立。

*Check Point 1*

由於第6宮是從代表婚姻的第7宮算起第十二個宮位，因此也代表失去婚姻，也就是離婚宮位。如果有伴侶的人，即使不至於鬧到離婚，也很容易夫妻吵架，需要小心。

*Check Point 2*

第6宮的徵象也包含當上班族等僱傭工作、不求回報的服務活動。如果羅睺或土星等凶星座落於此，在工作時會善於忍耐，但也有努力過頭而成為工作狂的傾向。

# 第 7 宮

## 代表「婚姻」與人際關係的宮位

可透過落入第 7 宮的行星為何，得知會選擇何種類型的人作為結婚對象。太陽會選擇社會地位崇高或華麗的人物；月亮會選擇具母性且溫柔的人；水星會選擇比自己年紀小的年輕人；金星則是外貌協會；火星會選擇運動員（如果是大男人類型，日後可能會發生問題）；土星因為有社交恐懼症的傾向，會選擇年長而穩重可靠的人；木星則會選擇誠實而人品成熟的人物；羅睺會選擇外國人或文化相異的人物；計都則會選擇禁慾克己而有靈性的人物。代表整體人際關係的第 7 宮也象徵工作夥伴，如果有吉星落入此宮位，容易給人第一印象或待人處事良好的傾向。

### *Check Point 1*

如果有許多行星落入第7宮，會有著強烈的結婚念頭而早早步入禮堂，不過，也容易因為喜好改變而不倫或離婚。如果沒有行星座落於此，則對婚姻不太感興趣，或許會選擇不婚，或是即使結了婚也不太關心對方。

### *Check Point 2*

如果第7宮的宮主星處於旺宮，或是座落於三方宮，則會遇到很好的結婚對象；反之，如果座落於困難宮，婚姻生活就會遇到障礙，並透過婚姻生活學到許多事。

# 第 8 宮

## 顯示業的「壽命」宮位

壽命的宮位。第 1 宮強勁、第 8 宮狀況也好的人就會長壽。第 8 宮顯示各種苦惱、疾病、麻煩、意外等最為嚴重的業，同時也會展現今生應當學習的業。容易在相關的行星或宮位所象徵的事物上萌生煩惱的主題，比如說土星為慢性疾病、金星為愛情或金錢上的麻煩、第 4 宮為母親、第 9 宮為父親等。有的人無法克服，也有的人會跨越苦惱而找出人生意義。第 8 宮也是研究的宮位，如果第 1 宮的宮主星座落於此，就會對神祕學相關事物，或是閉關研究某些事物感興趣。

### *Check Point 1*

第8宮也是不道德、不倫的宮位，如果在122頁提及的，代表欲望的欲宮（第3、7、11宮）強勁，且第8宮也強勁時，就有可能染指不倫或不道德的行為。

### *Check Point 2*

由於是意味著苦惱或疾病的宮位，也會心懷試圖追尋造成人類痛苦的根本原因的想法，會尋求擺脫痛苦，而對心理學、醫學、占卜、神祕知識、瑜伽、坐禪、哲學等感興趣。

# 第9宮

## 以精神高度為目標的「高等教育」

第9宮代表包括研究所等級教育在內的高等教育。在第8宮的經驗需要高度精神力、道德倫理，高水準的研究人員、宗教家、哲學家、聖人等，第9宮的狀況就非好不可。此外也具有作為精神導師的父親徵象，並意味著外國、長期旅行、聖地巡禮，第9宮強勁的人，會喜歡長時間的旅行或出國。第9宮會帶來意料之外地好運，第9宮宮主星落入的宮位，其主題會因此受惠。比如說，如果第9宮宮主星落入第5宮，就會富有創造力、藝術才華、智慧等。

### Check Point 1

第9宮也跟第九個星座人馬座相關，具備探求心、思想或哲學的徵象，因此會在接觸並探求未知世界的過程中，獲得精神上的成長。這也是第9宮的角色。

### Check Point 2

緊接在顯示業的第8宮之後，第9宮代表的是在這一世累積的功德結果。面對第8宮的苦惱的處理方式，將會左右第9宮，如果一再累積走偏的行為，被迫清算的時刻也會隨之降臨。

# 第10宮

## 檢視工作的「天命、天職」宮位

相對於第4宮的地，第10宮為顯示「天」的宮位。代表政府、社會、上司、工作、社會使命，第10宮狀況良好的人具備在社會上達成許多事的天命、天職。工作是人生的中心，如果第10宮及三方宮的宮主星有所關聯，也可能達成豐功偉業。可從第10宮檢視一個人適合什麼樣的工作。比如說，如果木星座落於此，在工作上將會受惠，適合教導他人等需要智慧的工作；土星座落於此，適合勤勉且追求完美的工匠類工作；金星落入則適合服務業或藝術類工作。

### Check Point 1

第10宮意味著出社會工作，也代表父親。不過在解讀父親時，會同時檢視第9、第10宮。第9宮顯示一個人的個性或精神性，而第10宮表現的則是職業。

### Check Point 2

第10宮的主題為天職，但第10宮與其宮主星的含義則有差異。第10宮代表的是職業上的立場或行為；而第10宮宮主星落入的星座或宮位、所影響的行星，代表的則是職業的領域或行業。

# 第11宮　實現願望的「名聲、評價」宮位

從顯示才華的第5宮算起第七個宮位的第11宮，展現的是運用才華的本事。如果使用得當，第11宮就會成為表現名聲或評價的宮位，第11宮狀況良好的人會獲得高度評價及高收入。由於是作為代表欲望的欲宮（請參照下一頁）最後一個宮位，這也是抵達解脫或開悟前的最後障礙。實際上，在第11宮如果有許多行星，能夠獲得社會上的成功，但過於追求物質上的成功，也會有變得貪婪的傾向。第11宮也有支持者、朋友的徵象，如果受到吉星的強烈影響，就會在朋友方面受惠，也能從這個宮位解讀兄姊。

### Check Point 1

第11宮也是代表疾病痊癒的宮位，因為住院是第12宮的徵象，從這裡算起第十二個宮位代表著失去住院，也就是出院、疾病痊癒的意思。

### Check Point 2

物質上的豐富程度可檢視第2、第11宮，第2宮為不動產、商業等固定資產或家族資產；第11宮則因為是須運用自身能力創造財富的宮位，而被歸類於需要努力的凶宮。

# 第12宮　放下一切的「損失」宮位

代表損失、開支、分離。當第12宮與其他宮位有所關聯，就會產生失去該宮位相關事物的危險或苦惱，但這同時也是放下的宮位，顯示出藉由斬斷對物質上的執著，放下其苦惱，進一步深入精神世界。此外也代表外國，有移居國外的意思。如果顯示祖國或出生地的第4宮受到傷害，而第12宮強勁時，也有移居遠離出生地或國外的可能。這個宮位的徵象也包括了隱遁、出家、解脫及開悟。為了消除浪費或損失的「業」，可以考慮捐贈。

### Check Point 1

太陽、月亮或第1宮宮主星座落於此的人，就會對心理學或神祕學相關知識感興趣，或是會前往修行道場或寺院修行；如果第5宮的宮主星座落於此，就有可能出國留學；如果與第10宮有關，就是失業、換工作的時期。

### Check Point 2

第12宮也有性愛娛樂、祕密、不倫的徵象，如果金星或木星等吉星座落於此，就會在世俗享樂上大肆揮霍錢財、談祕密戀情或不倫等。

# 指示人生方向的宮位

## 讓你的靈魂成長的方式為何？
## 從人生的四大目的掌握其方向

在印度的吠陀中有著所謂「人生目的」（Purushartha）的教誨，印度自古以來就將人生目的分為四大類。

① 法（Dharma，倫理、宗教） ② 利（Artha，財產、工作）
③ 欲（Kama，感官上的享樂） ④ 解脫（Moksha，解脫）

靈魂會隨著經歷這四大過程而獲得成長，換言之，「人生目的」正是「提升精神上成熟度訣竅」的建議。印度占星學依據這些教誨將宮位分類，並對應古印度的「四行期」（請參照右頁）這種思考方式。一個目的對應三個宮位，並從聚集了行星或行星相映的宮位分類，得知適合一個人靈魂的人生方向。

# 生活方式的四大方向

| 生活方式的方向 | 對應宮位 |
| --- | --- |
| 法 | 1、5、9 |
| 利 | 2、6、10 |
| 欲 | 3、7、11 |
| 解脫 | 4、8、12 |

| **法**<br>〈梵行期〉 | **利**<br>〈家居期〉 | **欲**<br>〈林棲期〉 | **解脫**<br>〈遁世期〉 |
| --- | --- | --- | --- |
| **意義** 拜師學習吠陀的時期 | 在家庭育兒並主導家族祭祀儀式的時期 | 隱居森林修行的時期 | 居無定所地乞食雲遊的時期 |
| ▼▼ | ▼▼ | ▼▼ | ▼▼ |
| **特徵** 追求精神性或宗教性，重視倫理或道德 | 累積財產，專注於工作或社會活動 | 專注於交友關係或滿足感官欲望的娛樂 | 比起世俗的價值觀，更重視神祕性或靈性的價值觀 |

WORK 在你的天宮圖上，
四行期分別各有幾顆行星？

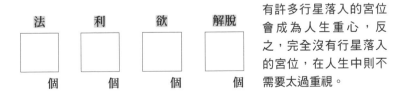

| 法 | 利 | 欲 | 解脫 |
| --- | --- | --- | --- |
| 個 | 個 | 個 | 個 |

有許多行星落入的宮位會成為人生重心，反之，完全沒有行星落入的宮位，在人生中則不需要太過重視。

## WORK 5

# 試著從宮位
# 解讀婚姻

## 1 寫下第7宮的行星或星座，試著檢視「與怎樣的配偶或伴侶有緣分」。

藉由檢視與第7宮相關的行星或星座，可確認伴侶的特質。單獨在第7宮有多重不祥的影響會使尋找伴侶和婚姻變得困難。另一方面，第7宮若是受到吉星的影響，就會獲得好伴侶，過著良好的婚姻生活。

例）以 A 先生（男性）來看⋯⋯

| 雙魚座 | 白羊座 | 金牛座 | 雙子座 |
|---|---|---|---|
| 5 | 火星（Ma）<br><br>6 | 7 | 計都（Ke）<br>土星（Sa）<br>8 |
| 水瓶座<br><br>4 | | | 巨蟹座<br>9 |
| 摩羯座<br>木星（JuR）<br>3 | | | 獅子座<br>月亮（Mo）<br>10 |
| 羅睺（Ra）<br><br>2 | 上升點（As）<br>海王星（NeR）<br>金星（Ve）<br>1 | 天王星（UrR）<br>太陽（Su）<br>水星（Me）<br>12 | 冥王星<br>（PlR）<br><br>11 |
| 人馬座 | 天蠍座 | 天秤座 | 處女座 |

第7宮的宮主星

|  | 星座或行星 |
|---|---|
| 座落於第7宮的行星 | 無 |
| 第7宮的宮主星 | 金星 |
| 第7宮宮主星座落的星座 | 天蠍座 |
| 與第7宮宮主星同宮的行星 | 海王星 |

# 2 試著確認與第7宮相關的行星或星座的徵象。

從卷末資料的星座、行星徵象一覽（176～183頁）中的「特質、能力」裡挑選關鍵詞並寫下來。

- 第7宮裡有 （ 無 ） 座落
  A先生的結婚對象具備這顆行星的 （ 無 ） 的特質。

- 第7宮的宮主星為 金星
  A先生的結婚對象具備這顆行星的 充滿愛心、和諧、時尚、出色的 審美觀的特質。

- 第7宮宮主星座落於 天蠍座
  A先生的結婚對象具備這顆行星的 富想像力、對神祕事物感興趣 直覺的特質。

- 第7宮宮主星與 海王星 同宮
  A先生的結婚對象具備這顆行星的 深情、犧牲奉獻、靈性 的特質。

*Point*

A先生在第7宮裡沒有行星，但第7宮的宮主星為金星，金星座落於天蠍座。從這裡可以解讀出其伴侶有上述的特質。此外，男性從月亮（妻子）、女性從太陽（丈夫）的「座落星座」或「同宮行星」，也可以得知伴侶的特質。

### 亦可從下列幾點確認第7宮

🕸 Point 🕸 當沒有行星座落於第7宮時

▶▶▶ 顯示由於婚姻在人生之中並不重要，而對戀愛
或婚姻不太感興趣。

🕸 Point 🕸 當吉星木星落入第7宮，且沒有與凶星形成任何相映等，
第7宮僅受到吉星的影響時

▶▶▶ 顯示可以擁有幸福的婚姻。

🕸 Point 🕸 當土星、火星、羅睺落入第7宮，且土星與火星都與第7宮
形成相映等，第7宮與眾多凶星有所關聯時

▶▶▶ 或許在戀愛或婚姻、伴侶之間的關係上有許多煩惱，但應該
能從人際關係上獲益良多。

在印度占星學中，存在「當一個人的第7宮與眾多凶星有所關聯
時，別跟喜歡的對象結婚比較好」這種改運方式。這是基於
「這個人往往會喜歡上不擅長與人構築起和諧關係的對象，
因此刻意選擇原本並不喜歡的對象，結果反而比較順利」的想法。

此外，當一個人第7宮與眾多凶星有所關聯時，
也會被視為擁有靈性相關的命運，可能會遠離
婚姻這種世俗幸福，而踏上靈性而神祕的世界
或出家的道路。會藉由精神上的修行放下欲
望，並投身於理解神祇或宇宙真理的神祕體驗。

## 也需要確認自己的金星

金星是戀愛的行星，在建立和諧的人際關係上，是非常重要的行星。因此金星如果受到傷害，就會在感受他人心情、愛情表現或構築和諧關係上遭遇困難。

✿ Point ✿ 當土星與金星形成相映，或土星與金星形成會合（同宮）等，金星遭受意味著壓抑或自我否定的土星傷害時

▶▶▶ 對於戀愛落於消極被動，愛情表現也會顯得壓抑。

✿ Point ✿ 火星與金星形成相映，或火星與金星形成會合等，金星遭受積極且男性意味的火星傷害時

▶▶▶ 容易一見鍾情，對於異性過於積極，而演變成複雜的異性關係。

✿ Point ✿ 金星與快樂主義的羅睺形成會合等，而遭受傷害時

▶▶▶ 容易沉迷於感官上或性愛方面的快樂，而陷入不倫或劈腿等，使得異性關係變得複雜。

## 3 請寫下你的天宮圖中，與第7宮相關的行星或星座，並試著解讀。

從卷末資料的星座、行星徵象一覽（176～183頁）中的「特質、能力」裡挑選關鍵詞並寫下來。

| | 星座或行星 |
|---|---|
| 座落於第7宮的行星 | |
| 第7宮的宮主星 | |
| 第7宮宮主星座落的星座 | |
| 與第7宮宮主星同宮的行星 | |

未婚或尚未有情人的人請試著想像心目中理想的
對象，而已婚者請一邊想像著伴侶好的一面，
一邊從徵象一覽中挑選出關鍵詞吧！

· 第7宮裡有 ( ) 座落
  我的對象具備這顆行星的 ( ) 的特質。

· 第7宮的宮主星為 ( )
  我的對象具備這顆行星的 ( ) 的特質。

· 第7宮宮主星座落於 ( )
  我的對象具備這個星座的 ( ) 的特質。

· 第7宮宮主星與 ( ) 同宮
  我的對象具備這顆行星的 ( ) 的特質。

當火星落入第7宮時，對象會具有火星的特質。
火星雖然具備勇敢、男子氣概、熱情等特質，另一方
面，卻也有著暴力、批判性、攻擊性等特質，
若舉個極端的例子，甚至可能選到會家暴的伴侶。
不過，我們究竟會從行星代表的特質中，
挑選好／壞哪一方特質較強的人物，這點則依據自由
意志的選擇幅度而定。如果第7宮受到凶星的影響，
在選擇對象時就要仔細觀察人性。

# WORK 6

# 試著從宮位解讀工作

## 1 寫下與第1宮相關的行星或星座，檢視「適合怎麼樣的工作」。

基本上，可以從第1宮解讀出一個人適合從事怎樣的工作，這是因為第1宮不僅與性格或健康相關，也攸關一個人的能力或才華。此外，儘管不能稱為天職，仍可明確得知一個人究竟適合從事怎樣的工作。

例）以聖雄甘地來看……

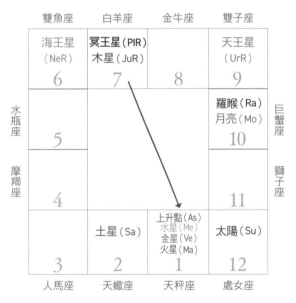

| 　 | 雙魚座 | 白羊座 | 金牛座 | 雙子座 | 　 |
|---|---|---|---|---|---|
| 水瓶座 | 海王星（NeR）6 | 冥王星（PlR）木星（JuR）7 | 8 | 天王星（UrR）9 | 巨蟹座 |
| 摩羯座 | 5 | | | 羅睺（Ra）月亮（Mo）10 | 獅子座 |
| 　 | 4 | | | 11 | 　 |
| 　 | 3 | 土星（Sa）2 | 上升點（As）水星（Me）金星（Ve）火星（Ma）1 | 太陽（Su）12 | 　 |
| 　 | 人馬座 | 天蠍座 | 天秤座 | 處女座 | 　 |

| 　 | 星座或行星 |
|---|---|
| 第1宮的星座 | 天秤座 |
| 座落於第1宮的行星 | 水星、金星、火星 |
| 與第1宮形成相映的行星 | 木星 |

## **2** 試著確認與第 1 宮相關的行星或星座的徵象。

從卷末資料的星座、行星徵象一覽中的「特質、能力」、「興趣、工作」裡挑選關鍵詞並寫下來。

・ 第 1 宮的星座為 （ 天秤座 ）

　我具備 （ 溝通、交涉能力、平衡思考的能力，對協調、和平、公平 ） 感興趣。

・ （ 水星、金星、火星 ） 落於第 1 宮

　我具備 （ （水星）知識學習、邏輯思考、（金星）與人相處融洽、（火星） ）

　（ 戰略性思考戰鬥的能力，對（水星）專業知識、（金星）和平 ） 感興趣。

・ （ 木星 ） 與第 1 宮形成相映

　我具備 （ 倫理上的判斷能力，對法律知識、哲學 ） 的特質。

*Point*

他以印度獨立領袖、政治家身分聞名，但職業其實是律師。律師這份職業可說是充分活用了天秤座追求公平的平衡感、水星的知識與智慧、火星的戰略性思考能力、木星的高度倫理觀與法律、知識。

# 3

寫下與你的第1宮相關的行星
或星座並解讀。

|  | 星座或行星 |
|---|---|
| 第1宮的星座 |  |
| 座落於第1宮的行星 |  |
| 與第1宮形成相映的行星 |  |

- 第1宮的星座為（　　　　）座

  我具備（　　　　　　　　　　　　　　　　　　）的能力或才華，

  對（　　　　　　　　　　　　　　　　　　　　）感興趣。

- （　　　　　）座落於第1宮

  我具備（　　　　　　　　　　　　　　　　　　）的能力或才華，

  對（　　　　　　　　　　　　　　　　　　　　）感興趣。

- （　　　　　）與第1宮形成相映

  我具備（　　　　　　　　　　　　　　　　　　）的能力或才華，

  對（　　　　　　　　　　　　　　　　　　　　）感興趣。

> 有各式各樣的工作可運用這些能力達成，
> 能夠盡量運用多種能力、關鍵詞的工作，
> 就是你適合從事的職業。

## 4 寫下與第10宮相關的行星或星座，檢視「天職或使命」。

剛才從第1宮解讀了「從一個人的能力判斷其適合從事的職業」。相對地，從第10宮則能檢視作為「天職或使命」的工作。第10宮代表的是一個人在社會上作出何種行為，或採取何種立場。

例）以聖雄甘地來看……

| | 星座或行星 |
|---|---|
| 座落於第10宮的行星 | 月亮、羅睺 |
| 第10宮的宮主星 | 月亮 |
| 與第10宮形成相映的行星 | 無 |
| 第10宮宮主星座落的星座 | 巨蟹座 |
| 與第10宮宮主星同宮的行星 | 羅睺 |

從卷末資料的星座、行星徵象一覽中的「特質、能力」、「興趣、工作」裡，挑選與第10宮相關的行星或星座徵象的關鍵詞，並寫下來。

- ( 月亮、羅睺 ) 座落於第10宮

  我在社會上作出 ( (月亮)深情、重視內心連繫、(羅睺)身為 精力充沛的改革者 ) 的行為。

- 第10宮的宮主星 ( 月亮 ) 座落於 ( 巨蟹座 )

  我在重視 ( 社區或國家連繫、政治的領域或業界 ) 工作。

- 第10宮的宮主星 ( 月亮 ) 與行星 ( 羅睺 ) 同宮

  我在 ( 顛覆常識、改革的領域或行業 ) 工作。

*Point*

甘地是讓印度從英國獨立的政治領袖，座落於第10宮的月亮，如同母親般關心祖國或同胞，具領袖氣質的行星；羅睺是不受常識束縛、精力充沛地改革的行星；第10宮宮主星月亮座落的巨蟹座，則是重視社區或國家連繫，身為政治領袖的星座。甘地本身是一名律師，但可說具備了政治領袖身分引導眾人的使命。

# 5 寫下與你的第10宮相關的行星或星座並解讀。

對於有行星落入第10宮的人來說,第10宮的情況至關重要。

|  | 星座或行星 |
|---|---|
| 第10宮的宮主星 |  |
| 座落於第10宮的行星 |  |
| 與第10宮形成相映的行星 |  |
| 第10宮宮主星座落的星座 |  |
| 與第10宮宮主星同宮的行星 |  |

- 第10宮的宮主星為 ⬭

  我在社會上作出 ⬭

  的行為。

- ⬭ 座落於第10宮

  我在社會上作出 ⬭

  的行為。

- ⬭ 與第10宮形成相映

  我在社會上作出 ⬭

  的行為。

- 第10宮的宮主星 ⬭ 座落於 ⬭ 座

  我在 ⬭

  的領域或業界工作。

- 第10宮的宮主星 ⬭ 與行星 ⬭ 同宮

  我在 ⬭

  的領域或行業工作。

**亦可從下列幾點確認工作相關內容**

✤ Point ✤ 當第1宮與第10宮裡沒有任何行星座落時

▶▶▶ 第 2 宮或第 6 宮也是工作宮，有行星落入這些宮位的人，也能不參考第 1 宮或第 10 宮，而是選擇這些宮位的職業。也可試著按照 132 頁，將第 10 宮的相關內容統整成表格般，寫下與第 2 宮或第 6 宮相關的行星或星座。

✤ Point ✤ 也試著檢視與太陽相關的行星或星座

▶▶▶ 由於代表靈魂的成長方向、成就感，因此也代表了若是為社會作了什麼，能獲得成就感或令靈魂有所成長。

✤ Point ✤ 也試著檢視與水星相關的行星或星座

▶▶▶ 水星代表你的求知慾或思考能力，可得知怎樣的知識或思考方式能對工作有所助益。

✤ Point ✤ 也試著檢視與月亮相關的行星或星座

▶▶▶ 月亮代表內心，可顯示能讓你的內心獲得平靜的事或喜歡的事物，將其活用於工作上吧！

| | 星座或行星 | | 星座或行星 |
|---|---|---|---|
| 第2宮的宮主星 | | 第6宮的宮主星 | |
| 座落於第2宮的行星 | | 座落於第6宮的行星 | |
| 與第2宮形成相映的行星 | | 與第6宮形成相映的行星 | |
| 第2宮宮主星座落的星座 | | 第6宮宮主星座落的星座 | |
| 與第2宮宮主星同宮的行星 | | 與第6宮宮主星同宮的行星 | |

PART *3*

# 試著解讀

## 自己

# 的人生

在印度占星學中，存在解讀人生道路、預測未來的技法，
本章將解說其解讀方式。

# 印度占星學的
# 預測未來技法

**何時會發生什麼事？**
**解讀人生事件**

　　透過印度占星學，可得知的不僅是顯示於天宮圖上的特質或能力。還能預測就職、結婚、生產、疾病等對我們而言十分重要的人生事件，會在人生的哪個時機發生。

　　天宮圖上的特徵化為現實發生＝命運循環，稱作「大運」，運用大運預測未來的技法，正可說是印度占星學最大的特徵。在大運系統中相當重視月亮星座「二十七星宿」。如同在 PART 1「與西洋占星術之間有何差異？」中所提到的，在印度占星學中，月亮對精神面上的影響至關重要。二十七星宿代表一個人的特質，同時也是大運系統命運循環的決定性因素。

# 名為「二十七星宿」的二十七個月亮星座

| No | 二十七星宿 | 中文名稱 | 起點位置 | 主管行星 |
|---|---|---|---|---|
| 1 | Ashvini | 婁宿 | 白羊座 00:00 | 計都 |
| 2 | Bharani | 胃宿 | 白羊座 13:20 | 金星 |
| 3 | Krittika | 昴宿 | 白羊座 26:40 | 太陽 |
| 4 | Rohini | 畢宿 | 白羊座 10:00 | 月亮 |
| 5 | Mrigashirasha | 觜宿 | 白羊座 23:20 | 火星 |
| 6 | Ardra | 參宿 | 雙子座 06:40 | 羅睺 |
| 7 | Punarvasu | 井宿 | 雙子座 20:00 | 木星 |
| 8 | Pushya | 鬼宿 | 巨蟹座 03:20 | 土星 |
| 9 | Ashlesha | 柳宿 | 巨蟹座 16:40 | 水星 |
| 10 | Magha | 星宿 | 獅子座 00:00 | 計都 |
| 11 | Purva Phalguni | 張宿 | 獅子座 13:20 | 金星 |
| 12 | Uttara Phalguni | 翼宿 | 獅子座 26:40 | 太陽 |
| 13 | Hasta | 軫宿 | 處女座 10:00 | 月亮 |
| 14 | Chitra | 角宿 | 處女座 23:20 | 火星 |
| 15 | Swati | 亢宿 | 天秤座 06:40 | 羅睺 |
| 16 | Vishakha | 氐宿 | 天秤座 20:00 | 木星 |
| 17 | Anuradna | 房宿 | 天蠍座 03:20 | 土星 |
| 18 | Jyeshtha | 心宿 | 天蠍座 16:40 | 水星 |
| 19 | Mula | 尾宿 | 人馬座 00:00 | 計都 |
| 20 | Purva Ashadha | 箕宿 | 人馬座 13:20 | 金星 |
| 21 | Uttara Ashadha | 斗宿 | 人馬座 26:40 | 太陽 |
| 22 | Shravana | 女宿 | 摩羯座 10:00 | 月亮 |
| 23 | Dhanishtha | 虛宿 | 摩羯座 23:20 | 火星 |
| 24 | Shatabhisha | 危宿 | 水瓶座 06:40 | 羅睺 |
| 25 | Purva Bhadrapada | 室宿 | 水瓶座 20:00 | 木星 |
| 26 | Uttara Bhadrapada | 壁宿 | 雙魚座 03:20 | 土星 |
| 27 | Revati | 奎宿 | 雙魚座 16:40 | 水星 |

對應月亮約每二十七天繞行天空一周，將天空均分為每一等分 13 度 20 分（與十二星座相同，以白羊座 0 度為起點，最後的二十七星宿以雙魚座 30 度為終點）。九大行星以繞行三周的形式主管二十七星宿。

# 何謂百二大運
# 系統？

## 印度占星學中最為重要的
## 預測未來技法

　　大運系統有各式各樣的種類，其中最為廣泛使用，且
以準確率最高而聞名的是「百二大運」（Vimsottari Dasha，
「Vimsottari」意指 120）。在以九大行星為準的循環中，會照各
行星的時期依序排列，以每一百二十年為一個週期（請參照下
一頁）。比如說，如果你現在處於土星的時期，那麼與土星相
關的宮位特徵就容易顯現出來。

　　百二大運是以出生時的月亮位置為基準點展開，試著從
你的天宮圖上，找到與月亮位置相對應的二十七星宿。該相
應的二十七星宿稱作「誕生星宿」（Janma Nakshatra），其主管
行星就會成為百二大運中的第一個行星期。

# 以每一百二十年為一個週期的行星循環

| 主管行星 | 年分 |
|---|---|
| 計都 | 7 年 |
| 金星 | 20 年 |
| 太陽 | 6 年 |
| 月亮 | 10 年 |
| 火星 | 7 年 |
| 羅睺 | 18 年 |
| 木星 | 16 年 |
| 土星 | 19 年 |
| 水星 | 17 年 |
| 合計 | 120 年 |

行星循環的順序及長度是固定的，而每個期間的長短因行星而異。

誕生星宿的主管行星，等同於你百二大運中第一個行星期。

# 百二大運的五個階段

| 主要大運 | 以 6 ～ 20 年為一個單位的週期，主管行星代表現象的重大趨勢。 |
|---|---|
| 次要大運 | 以幾年為單位的週期，在行星所顯示的範圍中代表更細微的趨勢。 |
| 三階次運 | 以幾個月為單位的週期，主管行星代表事物具體實現的正確時期。 |
| 四階次運 | 以幾週為單位，代表正確時期。 |
| 五階次運 | 以幾天為單位，代表正確時期。 |

本書會從主要大運、次要大運來解讀命運循環喔！

# 主要大運與
# 次要大運

## 每一個行星或期間分別顯示的內容，
## 百二大運的檢視方式

　　在印度占星學中，製作出天宮圖後，也能製作出如右頁
那樣的「百二大運」。最左邊所顯示的，行星的「主要大運」
為時間較長的週期，最長的是金星期的二十年間，最短的則
是太陽期的六年間，用來檢視人生的重大運勢，也就是「大
運」。主要大運的行星特徵代表著該行星期之間，會特別關注
的人生主題，如工作、興趣、夫妻關係、育兒等。因此，在
行星更迭的時機，也會成為人生的轉捩點。

　　接下來以幾年為單位的週期，則稱作「次要大運」。由於
最長的行星期為三年，會用來檢視中期長度的運勢。在此只
先簡略說明，具體的解析方式會從142頁後開始介紹。

# 主要大運與次要大運的解讀方式

例）以1921年2月出生的石川源晃先生（西洋占星術研究家）來看……

| 木星 期 | | 1921年02月11日 | 1924年02月11日 |
|---|---|---|---|
| 行星 期 | 年齡 | 開始日期 | 結束日期 |
| 火星 期 | 0 | 1921年02月11日 | 1921年09月15日 |
| 土星 期 | | 1924年02月11日 | 1943年02月11日 |
| 行星 期 | 年齡 | 開始日期 | 結束日期 |
| 土星 期 | 3 | 1924年02月11日 | 1927年02月14日 |
| 水星 期 | 6 | 1927年02月14日 | 1929年10月23日 |
| 計都 期 | 8 | 1929年10月23日 | 1930年12月01日 |
| 金星 期 | 9 | 1930年12月01日 | 1934年02月01日 |
| 太陽 期 | 13 | 1934年02月01日 | 1935年01月13日 |
| 月亮 期 | 14 | 1935年01月13日 | 1936年08月13日 |
| 火星 期 | 15 | 1936年08月13日 | 1937年09月22日 |
| 羅睺 期 | 16 | 1937年09月22日 | 1940年07月28日 |
| 木星 期 | 19 | 1940年07月28日 | 1943年02月11日 |
| 水星 期 | | 1943年02月11日 | 1960年02月11日 |
| 行星 期 | 年齡 | 開始日期 | 結束日期 |
| 水星 期 | 22 | 1943年02月11日 | 1945年07月10日 |
| 計都 期 | 24 | 1945年07月10日 | 1946年07月06日 |
| 金星 期 | 25 | 1946年07月06日 | 1949年05月06日 |
| 太陽 期 | 28 | 1949年05月06日 | 1950年03月12日 |
| 月亮 期 | 29 | 1950年03月12日 | 1951年08月12日 |
| 火星 期 | 30 | 1951年08月12日 | 1952年08月08日 |
| 羅睺 期 | 31 | 1952年08月08日 | 1955年02月26日 |
| 木星 期 | 34 | 1955年02月26日 | 1957年06月04日 |
| 土星 期 | 36 | 1957年06月04日 | 1960年02月11日 |

以6～20年為單位的週期
**主要大運**

以幾年為單位的週期
**次要大運**

## 主要大運

| 主要大運 | 期間起點 |
|---|---|
| 木星期 | 1921年2月 |
| 土星期 | 1924年2月 |
| 水星期 | 1943年2月 |

## 次要大運
（主要大運為土星期時）

| 次要大運 | 期間起點 |
|---|---|
| 土星期 | 1924年2月 |
| 水星期 | 1927年2月 |
| 計都期 | 1929年10月 |
| 金星期 | 1930年12月 |
| 太陽期 | 1934年2月 |
| 月亮期 | 1935年1月 |
| 火星期 | 1936年8月 |
| 羅睺期 | 1937年9月 |
| 木星期 | 1940年7月 |

# 百二大運的
# 解讀方式

## 掌握重大運勢的簡單解析方式

　　人生的重大運勢或轉捩點，可透過主要大運的循環來掌握。右頁所統整的行星含義相關內容，將會在對應的該行星期之中化為現實事件發生。由於主要大運的循環很長，有時可能不會在當下就聯想到，但會在日後回想時實際體認到「就是這樣的時期啊！」

　　此外，透過百二大運，還能預測顯示在天宮圖上的事件會在何時發生。比如說，在出生星盤上代表婚姻或戀愛的是第 7 宮，當座落於第 7 宮的行星，或第 7 宮宮主星的大運期到來時，結婚或邂逅對象的時機也會隨之降臨。人生中的重大轉機，總會在行星循環更迭前後造訪。

# 各個行星循環的徵象

| 行星 | （該時期的含義、主題、感興趣的內容） |
|---|---|
| 計都 | 內省、封閉、喪失、分離、孤獨、靈性、放下執著、淨化、禁慾、修行、探索神祕世界、靈感、隱遁、外國、疾病、喪失地位或財富、出家 |
| 金星 | 愛情、婚姻、藝術、美術、音樂、美容、時尚、流行、舒適的生活、喜悅、社交、樂趣、遊玩、快樂、交通工具、奢侈、受歡迎、異性問題 |
| 太陽 | 精神性、崇高的生活方式、自我啟發、活躍、單純、人生目的、使命、健康、工作、父親、政府、公眾活動、權力、提升地位 |
| 月亮 | 內省、旅行、情緒、戀愛、家庭幸福、母親、母愛、藝術、想像、文化 |
| 火星 | 精力充沛、挑戰、競爭、冒險、熱情、運動、積極主動、自我主張、爭執、戰鬥、吵架、憤怒、受傷、意外、暴力 |
| 羅睺 | 欲望、挑戰、孩子、轉捩點、果斷作決定、交流、精力充沛、物質上的繁榮、樂趣、外國、混亂、失控、沉溺於享樂、疾病、自己人的不幸、喪失地位或財富 |
| 木星 | 幸運、孩子、擴張發展、繁榮、守護、智慧、追求真理、教育、上師（老師、師父）、靈性、哲學、精神性、道德性、宗教、慈善、聖地巡禮、祭神儀式、布道 |
| 土星 | 穩定的生活、責任與義務、現實、傳統、化為現實的力量、壓抑與限制、培養毅力、考驗與成長、苦惱、障礙、疾病、自己人的不幸、免職 |
| 水星 | 好奇心、學習、教育、獲得知識或情報、蒐集與傳播資訊、溝通、書寫、移動、小旅行、樂趣、戀愛、經濟 |

比如說，金星期的主要大運如果在 15～35 歲到來，在這段期間，就會對金星的徵象──樂趣、戀愛或結婚等異性關係、藝術、音樂等感興趣。木星期如果到來（由於木星為十六年週期，因此是 15～31 歲），就會對道德上、精神上、宗教上的事物感興趣。

# 主要大運的
# 星座意識

## 從行星循環、星座、宮位的影響，
## 分析人生事件的時期

　　我們在一生當中都會受到月亮或太陽座落的星座的強烈影響，但同時也會受到主要大運的行星座落的星座或宮位所影響。根據其影響，有時儘管沒換工作，人生方向或視為重心的主題仍會有所改變。因此，如果是具行動力的人，人生可能會在主要大運的分歧點上有著戲劇性的改變。

　　要具體解讀人生運勢，必須統整星座、行星、宮位的徵象，作出綜合性判斷。大運中各行星的時期，代表著天宮圖上該行星及行星座落的星座，以及行星座落或主管宮位的徵象化為現實的時機。

例）以石川源晃先生的主要大運來看……

| ① 木星期 | 1921年2月～1924年2月（0～2歲） |
|---|---|
| ② 土星期 | 1924年2月～1943年2月（2～21歲） |
| ③ 水星期 | 1943年2月～1960年2月（21～38歲） |

|  | 雙魚座 | 白羊座 | 金牛座 | 雙子座 |  |
|---|---|---|---|---|---|
| | 金星（Ve）<br>火星（Ma）<br>月亮（Mo）<br>**3** | 計都（Ke）<br>**4** | **5** | 冥王星（PlR）<br>**6** | |
| 水瓶座 | 水星（Me）<br>天王星（UrR）<br>**2** | | | 海王星（NeR）<br>**7** | 巨蟹座 |
| 摩羯座 | 太陽（Su）<br>上升點（As）<br>**1** | | | 木星（JuR）<br>**8** | 獅子座 |
| | **12** | **11** | 羅睺（Ra）<br>**10** | 土星（Sa）<br>**9** | |
| | 人馬座 | 天蠍座 | 天秤座 | 處女座 | |

③ 從1943年2月（21歲）起為水星期。由於水星座落於水瓶座，這段時期會受到水瓶座的影響。

② 從1924年2月（2歲）起進入土星期。土星座落於處女座，這段時期會受到處女座的影響。

① 1921年2月誕生時由於正處木星期，這段時期會受到木星座落的獅子座影響。

## WORK 7

# 試著從百二大運
# 解讀過去、現在、未來

**1** 寫下主要大運的行星、星座、宮位，
了解意識的變化。

同樣以石川先生為例，來解讀在行星與宮位影響下的人生變遷。星座或行星會導致該時期的思考方式或意識受到影響，宮位則會展現出現實中的具體行動或事件。

例）一邊檢視石川源晃先生的主要大運（141頁）與天宮圖（145頁），一邊試著統整出下列表格。

| | | 起點 | 年齡 | 星座 | 座落宮位 | 主管宮位 |
|---|---|---|---|---|---|---|
| Ⓐ | 木星 | 1921年2月 | 0歲～ | 獅子座 | 第8宮 | 第3、第12室 |
| Ⓑ | 土星 | 1924年2月 | 2歲～ | 處女座 | 第9宮 | 第1、第2宮 |
| Ⓒ | 水星 | 1943年2月 | 21歲～ | 水瓶座 | 第2宮 | 第6、第9宮 |
| Ⓓ | 計都 | 1960年2月 | 38歲～ | 白羊座 | 第4宮 | 無 |
| Ⓔ | 金星 | 1967年2月 | 45歲～ | 雙魚座 | 第3宮 | 第5、第10宮 |
| | 太陽 | 1987年2月 | 65歲～ | 摩羯座 | 第1宮 | 第8宮 |

主要大運的變遷，也會顯示出後天獲得的能力。
有時在孩提時代不擅長的事，會在主要大運更迭後，
從人生的某個時期開始感興趣並辦得到。
這是因為主要大運造成意識或興趣改變所導致。

## Ⓐ 誕生時為木星期

在懂事前的 0〜2 歲，是座落於第 8 宮獅子座的時期，第 8 宮代表的是困難時期。石川先生出生在東京，而這段期間發生了關東大地震。

## Ⓑ 熱衷於學問的土星期

2〜21 歲，直到成年為止的期間為土星期，土星主管第 1 宮及第 2 宮，座落於處女座第 9 宮。由於第 9 宮是學習高等學問的宮位，處女座又是熱愛學習知識的星座，因此在這段期間會熱衷於學習高等學問。實際上，他從小學到高中為止都就讀學院，大學則就讀東京工業大學，接受了高等教育。

## Ⓒ 開始工作的水星期

構成其職涯的 21〜38 歲，為座落於水瓶座的水星期。水瓶座是科學家、技術人員、發明家的星座；水星則擅於尖端科學技術，且與發揮天才的天王星以極近度數形成會合，因此在這個領域賦予了非常優秀的才華。水星主管意味著僱傭工作的第 6 宮，及意味著高度學問的第 9 宮，並座落於代表工作或收入的第 2 宮。在這段期間，他以技術人員、發明家的身分在水瓶座的尖端科技世界中獲得了成功。

## Ⓓ 在占星術上有所領悟的計都期

38〜45 歲時座落於白羊座第 4 宮，他在這個時候邂逅了占星術，並開始學習艾倫・里奧（Alan Leo）的占星術。計都為內省並對神祕相關知識感興趣的時期，此外，意味著智慧或占星術的木星也與計都形成相映。白羊座為喜歡挑戰全新事物的星座，可以認為他透過了神祕知識占星術，內省並研究起自己的人生。

## Ⓔ 以占星術為天職的金星期

接下來的金星期為 45〜65 歲。金星主管自我實現的第 5 宮，以及天職的第 10 宮，並座落於興趣或自我表現的第 3 宮；座落的雙魚座為靈性且喜愛占卜的星座。他開始發表占星學的研究論文，是進入金星期的第八年時。金星期開始後，令他產生了意識上的變化，將興趣或人生重心轉向雙魚座的靈性事物。金星是代表樂趣或喜悅的幸運行星，透過第 10 宮的天職，能達成第 5 宮的自我實現，想必這二十年會是他最能讚頌人生喜悅的時光。

## 也要確認次要大運

相較於檢視人生重大運勢的主要大運，次要大運會用來檢視更為具體的事件會在何時發生。接下來就從與次要大運相關的行星或宮位，介紹解讀具體事件或內在變化的重點。

✣ Point ✣ 檢視幸運時期

① 當大運的行星為吉星的時期　▶▶▶ 會發生該行星的徵象、座落宮位的好事。

② 當大運的行星入旺宮、三方旺宮、主管星座時　▶▶▶ 會發生該行星的徵象或主管宮位、座落宮位的好事。

③ 當大運的行星為好運的三方宮宮主星時　▶▶▶ 會發生大運的行星座落宮位的好事。

④ 當大運的行星座落於三方宮時　▶▶▶ 會發生大運的行星主管宮位或行星徵象的好事。

⑤ 當大運的行星與吉星同宮或形成相映時　▶▶▶ 會發生大運行星的徵象或座落宮位、主管宮位的好事。

✣ Point ✣ 檢視考驗或困難、成長的時期

① 當大運的行星為凶星，或是與弱宮或困難宮相關時　▶▶▶ 會發生考驗或困難的事情，但這也是覺察與成長的時期。

② 當大運的行星為凶星的時期，但與三方宮相關等，好壞影響同時存在時　▶▶▶ 基本上不會互相抵銷，可認為兩者都會化為現實。土星或計都等凶星的時期可能會發生困難，但如果與三方宮有關，也會發生好事。

# 2 試著從你的百二大運<br>描繪過去、現在、未來。

透過印度占星學回顧過去，是在回顧從各種經驗中學到些什麼，以及你自己的人生有什麼意義。此外，也能用來思考自己目前在人生運勢中是哪個時期，或是如何連繫到未來。

**主要大運**

| 計都 期 | | 1980 年 06 月 28 日 | 1982 年 09 月 21 日 |
|---|---|---|---|
| 行星期 | 年齡 | 開始日期 | 結束日期 |
| 木星 期 | 0 | 1980 年 06 月 28 日 | 1980 年 08 月 13 日 |
| 土星 期 | 0 | 1980 年 08 月 13 日 | 1981 年 09 月 22 日 |
| 水星 期 | 1 | 1980 年 09 月 22 日 | 1982 年 09 月 21 日 |

| 金星 期 | | 1982 年 09 月 21 日 | 2002 年 09 月 21 日 |
|---|---|---|---|
| 行星期 | 年齡 | 開始日期 | 結束日期 |
| 金星 期 | 2 | 1982 年 09 月 21 日 | 1986 年 01 月 21 日 |
| 太陽 期 | 6 | 1986 年 01 月 21 日 | 1987 年 01 月 21 日 |
| 月亮 期 | 7 | 1987 年 01 月 21 日 | 1988 年 09 月 21 日 |
| 火星 期 | 8 | 1988 年 09 月 21 日 | 1989 年 11 月 21 日 |
| 羅睺 期 | 9 | 1989 年 11 月 21 日 | 1992 年 11 月 21 日 |
| 木星 期 | 12 | 1992 年 11 月 21 日 | 1995 年 07 月 21 日 |
| 土星 期 | 15 | 1995 年 07 月 21 日 | 1998 年 09 月 21 日 |
| 水星 期 | 18 | 1998 年 09 月 21 日 | 2001 年 07 月 21 日 |
| 計都 期 | 21 | 2001 年 07 月 21 日 | 2002 年 09 月 21 日 |

**次要大運**

①在印度占星學研究計畫（https://www.ayurvedalife.jp/indian_jyotish/）裡製作天宮圖時，於天宮圖頁面往下捲動，即可看見百二大運一覽。

---

②試著將你的主要大運統整於下一頁的表格中。

人生是多方面且複雜的，重點在於綜合檢視天宮圖<br>與大運，靈活地掌握、接受人生，<br>並轉化為自己的成長與喜悅。

雙魚座　　白羊座　　金牛座　　雙子座

水瓶座　摩羯座

巨蟹座　獅子座

人馬座　　天蠍座　　天秤座　　處女座

將你的天宮圖也填入本頁，就能簡單明瞭。將第1～第12宮的宮位也寫下來吧！

| 主要大運期 | 起點 | 年齡 | 星座 | 座落宮位 | 主管宮位 |
|---|---|---|---|---|---|
|  |  |  |  |  |  |
|  |  |  |  |  |  |
|  |  |  |  |  |  |
|  |  |  |  |  |  |
|  |  |  |  |  |  |

在主要大運的大運期更迭的年紀，轉機也會造訪你的人生。此時可能會發生重要事件，但也常發生人生的方向或感興趣事物的變化等，內在意識方面的變化。

試著藉由懂事起的三個大運期，來回顧過去，知曉現今並思考未來吧！

**1**
**過去**

此時已可得知從現在算起前一個大運期時，發生過什麼事。請一邊回想那段期間的事情，並試著從卷末資料的徵象一覽中的「特質、能力」、「興趣、工作」，或143頁的表格中找出符合各星座、行星的關鍵詞並寫下來。

• _____ 期的行星關鍵詞為 _____。

• 星座為 _____ 座，這個星座的關鍵詞為 _____。

• 這顆行星座落於第 _____ 宮，這個時期的核心主題為
  _____。

• 這顆行星主管第 _____ 宮，這個時期的主題也與
  _____ 相關。

• 這顆行星也主管第 _____ 宮，這個時期的主題也與
  _____ 相關。

※ 由於太陽與月亮主管的宮位只有一個，因此沒有最後這一項。

有沒有認為符合的過去回憶？
接下來就根據過去來檢視現在吧！

**2**
現在

關於現在的大運期,你可以試著同 151 頁,將回顧過去時期,以及目前的感想、期望相關的關鍵詞寫下來。

* _____ 期的行星關鍵詞為 _____ 。

* 星座為 _____ 座,這個星座的關鍵詞為 _____ 。

* 這顆行星座落於第 _____ 宮,這個時期的核心主題為

  _____ 。

* 這顆行星主管第 _____ 宮,這個時期的主題也與

  _____ 相關。

* 這顆行星也主管第 _____ 宮,這個時期的主題也與

  _____ 相關。

**對照目前的狀態後,結果如何?**
**歷經自己的過去、現在,最後來檢視未來的願景吧!**

**3**
**未來**

關於尚未造訪的未來大運期，你可以試著同 151 頁，將與未來想做的事、對未來的期望相關的關鍵詞寫下來。

- _____ 期的行星關鍵詞為 _____。

- 星座為 _____ 座，這個星座的關鍵詞為 _____。

- 這顆行星座落於第 _____ 宮，這個時期的核心主題為

  _____。

- 這顆行星主管第 _____ 宮，這個時期的主題也與

  _____ 相關。

- 這顆行星也主管第 _____ 宮，這個時期的主題也與

  _____ 相關。

理解人生的未來運勢，是回想出生前就擬定好的靈魂計畫的過程。不過，命運絕非既定而無法改變，目前有何想法、對未來有何期望、想過著怎樣的人生？試著傾聽靈魂的聲音，描繪自己的未來吧！

# 我會是換工作後獲得成功的類型嗎？適合換工作的時期為何？

C先生
（40幾歲，上班族）

我正在考慮將目前從事的副業作為主業。從天宮圖來看，我適合換工作嗎？

|  雙魚座 | 白羊座 | 金牛座 | 雙子座 |
|---|---|---|---|
| 8 | 水星(Me)<br>火星(Ma)<br>太陽(Su)<br>金星(Ve) 9 | 10 | 11 |
| 水瓶座<br>7 |  |  | 羅睺（Ra）<br>12　巨蟹座 |
| 摩羯座<br>計都（Ke）<br>6 |  |  | 上升點<br>（As）<br>1　獅子座 |
| 海王星<br>（NeR）<br>5 | 天王星<br>（UrR）<br>4 | 月亮（Mo）<br>3 | 木星(JuR)<br>土星(Sa)<br>冥王星(PlR)<br>2 |
|  人馬座 | 天蠍座 | 天秤座 | 處女座 |

## 主要大運與次要大運

| 水星期 | |
|---|---|
| 木星期 | 2019年3月～ |
| 土星期 | 2021年6月～ |
| **計都期** | |
| 計都期 | 2024年3月～ |
| 金星期 | 2024年8月～ |
| **金星期** | |
| 金星期 | 2031年3月～ |

## 你的工作、成功運……

你的行星集中於白羊座，因此如果活著而沒作自己真正想作的事，或許會感受到強烈壓力。比起穩定地生活，總有變化、強而有力的人生更適合你。而且你的行星集中於幸運宮位第9宮，是個好運的人，只要繼續堅持下去，夢想一定能夠化為有形。

此外，自2021年6月起，主要大運水星期的最後一個次要大運土星期就會到來。你在這個時期邂逅、思考的事物將會決定下一個計都期的人生。如果認真地考慮要換工作，從2021年～的幾年間會是絕佳的時機。而從2024年起「內省」的計都期，將會為自2031年起，人生最輝煌的金星期奠定基礎。

### ＼＼ 額外建言 ／／
## 你的戀愛、婚姻運……

婚姻的第7宮沒有行星座落，代表你對婚姻不太感興趣，似乎是個不太會因為沒有結婚而感到不幸的人。既然真的不感興趣，就不會順從周遭的聲音勉強自己結婚。雖然在第7宮沒有行星，但如果考慮結婚時，就必須採取相應的積極行動。

# 我很在意自己的婚姻運……！
# 該如何過著幸福的婚姻生活？

為了與伴侶過著幸福的婚姻生活，
請告訴我必須注意什麼事。

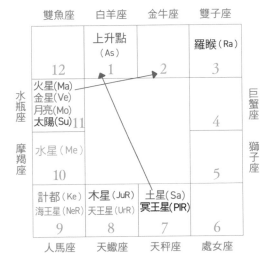

|  | 雙魚座 | 白羊座 | 金牛座 | 雙子座 |  |
|---|---|---|---|---|---|
|  | 12 | 上升點<br>（As）<br>1 | 2 | 羅睺（Ra）<br>3 |  |
| 水瓶座 | 火星(Ma)<br>金星(Ve)<br>月亮(Mo)<br>太陽(Su) 11 |  |  | 4 | 巨蟹座 |
| 摩羯座 | 水星（Me）<br>10 |  |  | 5 | 獅子座 |
|  | 計都（Ke）<br>海王星（NeR）<br>9 | 木星（JuR）<br>天王星（UrR）<br>8 | 土星(Sa)<br>冥王星(PlR)<br>7 | 6 |  |
|  | 人馬座 | 天蠍座 | 天秤座 | 處女座 |  |

## 你的戀愛、婚姻運……

土星座落於顯示伴侶的第7宮，可以想像對象是一名責任感強烈且認真的人。第7宮的宮主星金星落入水瓶座，與代表你自己本身的第1宮宮主星座落於同一個星座，因此兩人應該擁有共同的價值觀。第7宮的宮主星是溫柔且深情的月亮，由於與代表熱情領袖的太陽同宮，可看得出擅長照顧人且可靠的一面；此外，由於也和象徵男子氣概的火星同宮，似乎也有自尊心高而固執的一面。火星與代表語言的第2宮形成相映，第2宮受到火星影響的人，有可能會說出傷人的嚴厲話語，為了過著幸福的婚姻生活，關鍵在於慎選用詞。

## ＼ 額外建言 ／／
## 你的工作、成功運……

土星入旺宮，且與第1宮形成相映。你比常人加倍具備了土星意味的責任感或耐心。水瓶座不受常識束縛，而能以廣闊的視野檢視事物。這樣的你充分具備了擔任管理職的能力。此外，水瓶座也是深究到底的專家星座，因此無論擔任專業職或管理職，都能發揮才華。
由於你的責任感強烈而過於努力，也可能因此危害健康，請傾聽身心的聲音，充分休息再投入工作，這麼一來就能成功。

# 印度占星學與「行星組合」

印度占星學的特徵之一，是存在名為「行星組合」（Yoga）的概念。說到 Yoga，浮現在各位腦海中的應該是活動身體的「瑜珈」，不過印度占星學中所謂的 Yoga，指的是代表行星或宮位特定連結的用語。就像是了解命運的公式一般。

藉由解讀行星組合，可發揮出印度占星學的真正價值。比如說，作為檢視工作運時一定會使用的行星組合，有著代表成功者配置的貴格（Raja Yoga）或代表財運的富格（Dhana Yoga）。藉由將這些組合與百二大運相結合，就能正確得知名為成功的好運何時會造訪你的人生。行星組合正是印度占星學能夠明確預言的祕密之一。

PART *4*

# 透過印度占星術

# 與阿育吠陀

# 檢視體質

本章將結合印度傳統醫學阿育吠陀，
來解說檢視體質的方式。

# 什麼是阿育吠陀？

## 使用誕生於印度的「生命科學」
## 檢視自己的身心

　　阿育吠陀是在印度已有五千年以上歷史的傳統醫學，為闡明宇宙根本原理的吠陀教誨之一，與印度占星學也有著密切的關聯。詞源為梵語的 Ayur（生命、壽命）+ Veda（科學、知識），日文翻譯成生命科學。

　　不同於去除疾病症狀的西方醫學，阿育吠陀是以促進健康、保持長壽或年輕為目的預防醫學。阿育吠陀認為，幸福並非靠「獲得」，而是靠「覺察」的事物；藉由獲得健康的身心，而察覺自己所擁有的幸福——這就是其目標。在本章中，藉由與印度占星學相結合來解讀自己的體質，以獲得「覺察」吧！

# 阿育吠陀的「健康」

除了身體處於能量平衡的狀態，阿育吠陀還將健康的條件定義為心、
五感、靈魂處於非常幸福的狀態。換言之，阿育吠陀認為，所謂的幸
福並非從外部「獲得什麼事物」，而是從所見所聞的一切中感受到幸
福，也就是「覺察健康的自己」。

# 了解與生俱來的
# 「體質」

## 由五大元素所構成，驅動我們身體的能量

　　阿育吠陀認為，自然界所有事物全是由「土」、「水」、「火」、「風」、「空」五大元素（能量）所構成。我們的身體特質也是根據這五大元素的平衡，分為風型（Vata）、火型（Pitta）、水型（Kapha）這三大類，並合稱為「體質」（Dosha）。風型為空、風的元素，乾燥且輕盈；火型為水、火的元素，炎熱且銳利；水型為水、土的元素，沉重而遲緩——三者分別具備這樣的特質。

　　這三種體質的平衡因人而異，根據阿育吠陀，將處於平衡的狀態視為健康，而失去平衡的狀態則視為身心健康受損。透過印度占星學，可以得知自己與生俱來的體質平衡狀態為何，試著確認看看吧！

# 體質與各自的特徵

## 風型

元素 空、風　　性質 乾燥、活動

| 發揮正面作用時的特徵 <保持協調的風型> | 創造性豐富、熱情、直覺、樂觀、頭腦清晰、寬容、纖細 |
| --- | --- |
| 發揮負面作用時的特徵 <不協調的風型> | 失眠、不安、緊張、過敏、情緒不穩、過勞、失去體力、說太多話、便祕、疼痛 |
| 容易罹患的疾病 | 坐骨神經痛、怕冷、頭痛、腰痛、失眠症、肩膀僵硬、帕金森氏症、心臟疾病、痛風、顏面神經麻痺、便祕、骨頭的疾病、大腸的疾病、精神疾病 |

## 火型

元素 水、火　　性質 炎熱、銳利

| 發揮正面作用時的特徵 <保持協調的火型> | 勇敢、專注力提升、誠實、智慧、求知慾旺盛、信仰虔誠、領導能力、食慾旺盛、腸胃順暢 |
| --- | --- |
| 發揮負面作用時的特徵 <不協調的火型> | 批判性、煩躁、易怒、口渴、多汗、口臭狐臭、腹瀉、長痣、濕疹、發燒 |
| 容易罹患的疾病 | 胃潰瘍、十二指腸潰瘍、胃炎、胃癌、肝臟、胰臟疾病、膽結石、膽囊疾病、眼部疾病、血液疾病、異位性皮膚炎、心臟疾病、精神疾病、酒精中毒 |

## 水型

元素 水、土　　性質 油性、停止

| | |
|---|---|
| 發揮正面作用時<br>的特徵<br>＜保持協調的水型＞ | 體貼、專注力提升、充滿愛心、<br>母性、具忍耐力、穩定性、記憶力提升、<br>體力提升 |
| 發揮負面作用時<br>的特徵<br>＜不協調的水型＞ | 怠惰、執著、固執、恐懼、吝嗇、<br>嗜睡、憂鬱、肥胖 |
| 容易罹患的疾病 | 支氣管炎、哮喘、糖尿病、過敏性鼻<br>炎、花粉症、關節炎、腫瘤、肥胖、感<br>冒、水腫、腹部疾病、泌尿系統疾病、<br>黏液性疾病、抑鬱症 |

# 三種體質與身體的關聯

當偏向任何一種體質時，與其相關的身體部位就容易變得虛弱。

### 風型

骨頭
神經
皮膚
耳朵
大腸

### 火型

血液、皮膚
膽汁、膽囊
胰臟、腸胃
眼睛

### 水型

關節、黏膜
呼吸系統
肌肉、鼻子
喉嚨

# 當三種體質分別增強時

| | 風型 | 火型 | 水型 |
|---|---|---|---|
| 季節 | 於雨季、冬季增強 | 於秋季增強 | 於春季增強 |
| 年齡 | 於老年期（55歲～）增強 | 於青年、中年（16～55歲）增強 | 於兒童期～16歲增強 |
| 時間點 | 於進食、消化、白天、夜晚結束時增強 | 於進食、消化、白天、夜晚期間增強 | 於進食、消化、白天、夜晚開始時增強 |
| 食物味道 | 因為辣、苦、澀味而增強 | 因為辣、酸、鹹味而增強 | 因為甜、酸、鹹味而增強 |

## 心臟能量來源
### 純質、激質、闇質

根據阿育吠陀，相對於構成身體基礎的風型、火型、水型三種體質，構成內心基礎的能量則稱作「三性質」（Guna）。

三性質分別是純質（Sattva）、激質（Rajas）與闇質（Tamas）。

純質意味著悅性、靜的原理、光、極致幸福；激質意味著動性、動的原理、炎熱、喜怒哀樂、散發；闇質意味著惰性、停滯的原理、無知、缺乏動力、迷惘、黑暗。

激質（動性）一旦增加，就容易變得過動、憤怒或煩躁，並導致風型或火型增強。闇質（惰性）一旦增加就會變得怠惰，精神活動停滯，導致水型增強。悅性的純質一旦增加，會有助於調整體內三種體質的平衡，並在精神上帶來愛情、溫柔、正確的智慧。三性質與體質就像這樣有著緊密的關聯性。

# 關於行星與體質之間的關聯

## 影響我們身心的九大行星＋土星外行星的體質

　　與印度占星學（天文學）有著密切關聯的阿育吠陀（醫學）認為，我們的人生自不用說，連身心都受到行星的影響。

　　如同我們各自擁有相異的體質，行星也分別應對不同體質。右頁是將行星體質統整而成的圖表。在傳統的印度占星學中並未使用的天王星、海王星、冥王星等土星外行星也對應了體質，對人體造成影響。你的上升點落入哪個星座，主管行星是哪一顆呢？比如說，如果上升點落入摩羯座，主管行星就是土星，因此體質會受到風型的強烈影響。詳情請於WORK 8（171頁）中解讀。

# 行星與三種體質的對應圖

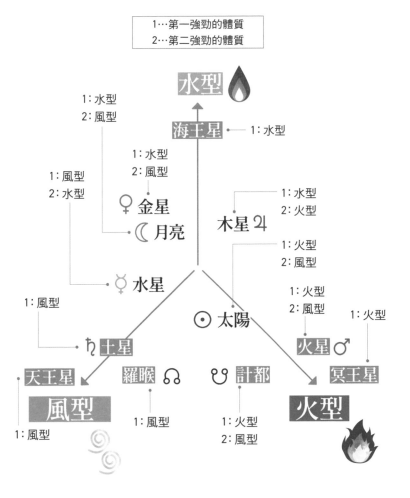

1…第一強勁的體質
2…第二強勁的體質

水型

1:水型
2:風型

海王星 — 1:水型

1:水型
2:風型

1:風型
2:水型

♀ 金星

☽ 月亮

1:水型
2:火型

木星 ♃

1:火型
2:風型

☿ 水星

1:風型

☉ 太陽

1:火型
2:風型

1:火型

♄ 土星

天王星

羅睺 ☊

☋ 計都

火星 ♂

冥王星

風型

1:風型

1:風型

1:火型
2:風型

火型

紫色行星為〈不協調的行星〉，黃色為〈保持協調的行星〉（請參照 161
～162頁）。此外，土星、羅睺、天王星、冥王星只對應一種體質。

# 代表身心特質的
# 九種行星類型

對應阿育吠陀中三種體質的行星，分別具備更詳細的特質。接下來就仔細來檢視九大行星會對我們的身心造成怎樣的影響吧！

接著要介紹行星類型——行星各自具備的特質，這也會在稍後的 WORK 8 中解讀自己的體質時登場喔！

## 太陽 ☉ 力量強勁的生命能量

具備正面積極且維持平衡的火能量，擁有增強火型、減弱水型的特質。消化能力強，血液循環也良好，帶來強大的免疫力，在行星類型中最為健康。鮮少發生嚴重搞壞身體的情況，對暑熱比較沒抵抗力，因此更喜歡冰涼的食物或涼爽的氣候。

健康上的主要問題是工作過度、過熱、過強的責任感所導致。容易罹患的疾病為心臟疾病、胃部疾病（潰瘍）等等。

### 肉體上的特徵

散發光芒、充滿活力且紅潤的臉色；充滿智慧的雙眼；身材勻稱且肌肉發達；不太會過胖或過瘦；由於第二體質為風型，體質略偏乾性。

### 精神上的特徵

熱情且具有威嚴、高傲、偶爾會驕傲自滿；具哲學或宗教觀、重視倫理的行動；喜歡以領袖身分與眾人合作，進行有價值的企畫案。

### 其他

自我主張強烈，喜歡立於眾人之上、受到社會認可及權威；具備高度批評力、深度的洞察力及強烈存在感；如果長時間不受關注，就會湧上強烈的孤獨感。

# 月亮 ☾ 促使循環的恩惠能量

具備水能量，擁有增強水型、減少火型的特質。較為濕冷，容易因瘀血而水腫（尤其是下半身）。雖然健康且長壽，但失去平衡時會有怠惰、嗜睡的傾向。充滿愛心且擅於照顧人。高貴、獨立心強烈、細膩，受惠於朋友或配偶。

由於第二體質為風型，也有著反覆無常的一面。只要克服害羞個性，就能藉著學習人際關係而在社會上獲得成功，成為影響大眾的領袖。

### ✤ 肉體上的特徵 ✤
圓潤而具魅力的臉、豐腴的身材及白皙肌膚；眼白明顯；肌膚水潤，有著一頭濃密而有光澤的頭髮；體重會隨著年紀增加，在第一次生產後或四十歲以後容易水腫。

### ✤ 精神上的特徵 ✤
情緒化、細膩、容易如月亮陰晴圓缺般善變、浪漫而情感脆弱、容易受傷；也有著寬容而健忘的一面；擁有高度表現力、藝術才華、詩詞才華。

### ✤ 其他 ✤
具備將自身意識專注於接觸深層心理，以獲得全新覺察的力量。有的人甚至能提升到更高層次，發揮靈能力或精神力，靠著高度同理心成為能量治療師。

# 火星 ♂ 容易累積的炙熱能量

火星具備將火型的負面特質增強的火元素，以及作為第二體質水型的水元素。具備帶有濕氣的熱度，削弱消化能力，結果容易導致免疫力降低，增加罹患傳染病的風險。雖然也有健康有體力的時期，但血氣較重，容易受傷或出血。容易有累積毒素，因為膽汁過多而腹瀉的情況。

正直而嚴守分際、夥伴意識強烈、熱情而占有欲強。會因精力旺盛而導致過度縱慾。

### ✤ 肉體上的特徵 ✤
肌肉適度發達的體魄；臉色紅潤、油性肌膚、眼神銳利；食慾旺盛、容易口渴、肝臟虛弱；容易因急性疾病，或攝取過多菸酒、肉、辛香料、脂肪所苦。

### ✤ 精神上的特徵 ✤
具覺察力、批判且喜好爭辯；勇敢、大膽而冒險；喜歡勝利、有著強烈厭惡敗北的傾向，容易因為自身的憤怒、嫉妒、憎恨而受傷。

### ✤ 其他 ✤
擅長機械方面且具權威、科學或研究、善於處理機械、工具、武器；有著高度覺察力，藥物、外科、心理學也是擅長領域；還有人成為提升自我的瑜珈修行者，或活躍於靈性領域。

# 水星 ☿ 傳達幸福的優良能量

具有風元素的健康風型體質，並擁有優良的土能量，而能長壽且感到幸福。容易感受到壓力，肺部、心臟、腸胃都非常虛弱而敏感。充滿智慧且健談、好奇心旺盛、具行動力、充滿朝氣但反覆無常。不太有耐心、年輕時喜歡運動，隨著年齡增長則轉換為較知性的興趣。體貼、具服務精神且熱愛大自然。有著高雅的味覺，在詩詞或音樂、設計上富有表現能力。

### 肉體上的特徵
身材高挑或矮而纖瘦；肌膚及分泌物較為濕潤，但也容易乾燥；肺部較寒且虛弱，容易罹患花粉症、過敏性支氣管發育不全，心臟也較虛弱而容易心悸。

### 精神上的特徵
敏感地掌握資訊、演講能力強、和藹可親；富有同情心、溝通能力強；有著容易受到周遭環境的影響、想太多而內向的一面。

### 其他
長於語言或數字、容易沉迷於雜學；對於瑜珈等促進心靈成長的事物感興趣，熱衷於研究的特質可能會將其直接導向靈性之道。

# 木星 ♃ 樂觀而開朗的療癒能量

具備積極、活動力及健康的水元素的水型體質。喜歡需要活動身體的工作、運動、戶外活動，如果停止活動身體，就會失去強壯健康的體質。也有著自甘墮落、在人生中追求過多事物而感到痛苦的一面。胰臟、脾臟、肝臟虛弱，如果吃太多甜食或油膩食物，容易罹患糖尿病。具有療癒能量，充滿喜悅且朝氣蓬勃。擅於交際且高雅、心胸寬大。具有表現自我的娛樂或表演方面的天分，也有著過於樂觀的傾向。

### 肉體上的特徵
肌肉相當發達的體魄，但有一部分人會肥胖；頭部較大、四肢較長，體重會在人生後半輩子增加；臉色泛黃、體溫較高、血液循環及代謝穩定而強勁。

### 精神上的特徵
和諧且親切、體貼；有著崇高的道德心及倫理觀，重視習慣、儀式及階級制度；有著比起本質，更遵循公認說法的傾向；在意見或理想方面容易誇大或妄想。

### 其他
信仰強烈、內心沉穩而冷靜；對於哲學、宗教、宇宙根本原理、靈性感興趣，人生後半輩子喜愛冥想生活並加以實踐；具上進心且致力追求未來。

# 金星 ♀ 愛、喜悅、豐富的能量

具備在行星中外觀出色、有著強烈魅力元素的水型體質。比起健康，對外觀的美麗更堅持，容易罹患生活習慣病、生殖器官疾病。由於非常在意外表，鮮少有變肥胖的情況。喜愛舒適與優雅，也會驕傲自負。

對事物有著強烈堅持、具有美感、喜愛蒐集美術品。擅長累積財富或財產，且比起單純的投資，更喜歡用在具社會價值的事物上，藉此引導眾人。

### 肉體上的特徵

身高平均、身材略圓潤、肌肉或內臟發達；眼睛、頭髮、肌膚充滿魅力；手的形狀優美而纖細；具有性方面的活力及性感魅力；很有耐心且充滿活力。

### 精神上的特徵

喜歡跟人合作的工作；樂於接納而容易受傷，如果在人際關係或某些事物上遭遇喪失，會受到強烈打擊；具刺激性且浪漫；擁有色彩豐富的想像力、創造才華。

### 其他

在倫理方面具備由衷的愛與奉獻精神，相反地，也容易受到外表好壞、性魅力等所迷惑。也擁有具靈性傾向的一面，有的人會從事靈性方面的工作。

# 土星 ♄ 鍛鍊生存能力的能量

為典型的風型體質，風元素強勁。在行星當中會給健康帶來負面影響，但只要克服，就能提升生存能力且長壽。缺乏活力或耐心。體溫較低，屬寒冷體質。消化力弱，血液循環也差。容易便祕而在體內堆積代謝廢物，為慢性病所苦。容易罹患關節炎或神經系統的疾病。

個性認真而實際，不太喜歡跟人分享。當消極負面的影響較強時，會變得愛批判且多疑、乖僻貪婪、自我中心。

### 肉體上的特徵

一般而言身材纖瘦、乾性體質；身高非常高或非常矮；削瘦而骨架大的手腳、大鼻子或牙齒；膚質粗糙、膚色呈較黝黑的褐色；髮質脆弱、指甲龜裂。

### 精神上的特徵

愛操心、恐懼、強烈不安、鮮少露出笑容；正面迎向人生中的諸多困難、對於他人的欲望較不敏感、擅於算計；一般而言內向、孤獨，顯得自我中心或是滿不在乎。

### 其他

若是加上金星或水星的影響，就會提升表現能力或感受性，成為鞠躬盡瘁的好醫師、藝術家、哲學家；提升到更高層次時會喜愛孤獨、情感上變得超脫自由。

# 羅睺 ☊ 引出隱藏欲望的能量

身心均為風型體質。具備土星與金星混合而成的特徵，帶來非比尋常或黑暗的美感。擅長藝術、音樂、演技、表演、設計。更喜愛全新環境，會站在社會變化或革命的最前線。

具備治癒他人的力量，有著極高度的同理心，犧牲奉獻。對於神祕事物感興趣，比起思考，更適合順從直覺。有著移居國外、遠離出生地、家人居住的傾向。

### ❧ 肉體上的特徵 ❧

身材削瘦，動作敏捷；身體的存在感低，給人模糊的印象；消化系統較虛弱且免疫系統脆弱，容易罹患傳染病；自律神經容易紊亂，導致受失眠或惡夢所苦。

### ❧ 精神上的特徵 ❧

具智慧、直覺、創造力，不受框架拘束；擁有野心、想成就豐功偉業，但並不是總能成功；情感起伏劇烈、受虛榮心所苦。

### ❧ 其他 ❧

有著朝靈性或神祕學方面發展的傾向；擁有細微的能量，從事靈媒或通靈，但容易受幻想束縛而伴隨著危險。

# 計都 ☋ 深入挖掘內在世界的能量

與火星相似，是具備強烈火元素的火型體質。擁有洞察力而認真的雙眼。血液循環良好但含有毒素，容易罹患皮膚病、潰瘍、高血壓。因缺乏調節能力、神經肌肉不適、意外或手術、重大暴動或災害所苦。

具覺察力、理解力、專注力，擅長探究深奧的真理。能從黑暗中找到光明，除了歷史、考古學、地質學外，也適合從事科學、數學、電腦相關工作。此外還適合從事軍隊、法律、警察相關的調查或研究職務。

### ❧ 肉體上的特徵 ❧

身高與體格標準、纖瘦但筋骨健壯、略帶肌肉、體溫偏高；加上第二體質風型的風元素，身材纖瘦而神經質、乾性體質、新陳代謝活躍。

### ❧ 精神上的特徵 ❧

具有反抗社會秩序的心理、刻板觀念強烈、內向而古怪的個人主義者；也有著缺乏自信、自殘的一面；情感方面容易沉迷或心不在焉。

### ❧ 其他 ❧

擅長探索靈性領域，會在自己的研究或追尋中找到幸福；因人而異，有的人能理解宇宙的普遍性法則，以超越自我的角度檢視世界。

# 試著運用阿育吠陀解讀自己的體質

## 1 試著寫下與第1宮相關的行星。

在印度占星學中，可從代表肉體的上升點，以及影響第1宮的行星來判斷體質。有以下三個重點。

- 上升點落入的第1宮，星座主星的體質為何？
- 座落於第1宮的行星體質為何？
- 與第1宮形成相映的行星為何？

▶ 在下一頁，一邊檢視實際的天宮圖，一邊試著解讀吧！

在本書中，會根據印度占星學介紹簡易解讀體質的方式，不過，請將顯示於天宮圖的體質視為與生俱來的身體特質。

## 也能運用醫療占星術解讀身心上的不適

在占星術中存在「醫療占星術」這個領域，能用來解讀身心健康狀況，從中獲得與身心疾病相關的資訊。比如說，我們會從雙親或成長環境受到何種心理上的影響、是否存在課題或心理創傷？此外還有身體哪個部位容易不適、何時容易生病等。藉由占星術來通盤理解包括肉體、精神、靈魂、業到命運在內的一切，能有助於得知疾病成因及應對方式。此外，由於占星術能在疾病發病前加以預測，而在預防醫學界備受關注。

例）以 B 先生的天宮圖來看……

| 雙魚座 | 白羊座 | 金牛座 | 雙子座 |
|---|---|---|---|
| 水星（Me）<br>計都（Ke）<br>3 | 太陽（Su）<br><br>4 | 金星（Ve）<br>月亮（Mo）<br>5 | 木星（JuR）<br><br>6 |
| 2 | | | 火星（Ma）<br>7 |
| 上升點（As）<br>1 | | | 土星（Sa）<br>8 |
| 12 | 海王星<br>（NeR）<br>11 | 天王星<br>（UrR）<br>10 | 羅睺（Ra）<br>冥王星（PlR）<br>9 |

水瓶座　摩羯座

巨蟹座　獅子座

人馬座　天蠍座　天秤座　處女座

與 B 先生的第 1 宮相關的行星如下。關於行星特質從 166 頁、第一體質的特質從 161 頁起有詳細說明，請參照確認。

| | 行星（類型） | 第一體質 |
|---|---|---|
| 第 1 宮的宮主星 | 土星 | 不協調的風型 |
| 座落於第 1 宮的行星 | 無 | 無 |
| 與第 1 宮形成相映的行星 | 火星 | 不協調的火型 |

如同從第 1 宮得知身體方面的特質，也能從太陽或月亮得知一個人性格或情感方面的特質喔！
試著檢視天宮圖上太陽或月亮的主管行星、與日、月會合的行星、形成相映的行星，來解讀行星類型與第一體質吧！

首先確認第一體質。影響力的強弱依序為〔第1宮宮主星＞座落於第1宮的行星＞與第1宮形成相映的行星〕。

▶ ▶ ▶

**風型的影響最強，其次為具備火型體質**

代表乾燥或活動的風型體質強烈，此外也兼具代表炎熱或銳利的火型體質。

接著確認行星類型。第1宮的宮主星或座落行星、形成相映造成影響的行星為何？分別檢視這些行星的特質。

▶ ▶ ▶

**土星類型最強，其次為具備火星體質**

土星擁有的特徵應該相符。如果與所有體質的行星都有關聯，則會構成三種體質混合而成的複雜體質。

在此將各個行星的體質再次以簡單明瞭的表格統整如下。請一邊檢視表格，一邊確認第1宮的行星。

| 行星（類型）<br>各自的特質請參照166頁的<br>「代表身心特質的九種行星」 | 第一體質<br>※ 各自的特質請參照161頁的<br>「體質與各自的特徵」 |
|---|---|
| 太陽 | 火型〈保持協調的火型〉 |
| 月亮 | 水型〈保持協調的水型〉 |
| 火星 | 火型〈不協調的火型〉 |
| 水星 | 風型〈保持協調的風型〉 |
| 木星 | 水型〈保持協調的水型〉 |
| 金星 | 水型〈保持協調的水型〉 |
| 土星 | 風型〈不協調的風型〉 |
| 羅睺 | 風型〈不協調的風型〉 |
| 計都 | 火型〈不協調的火型〉 |

## 2 試著從你的天宮圖檢視體質。

|  | 行星（類型） | 第一體質 |
|---|---|---|
| 第1宮的宮主星 |  |  |
| 座落於第1宮的行星 |  |  |
| 與第1宮形成相映的行星 |  |  |

**Point 1**

影響力的強弱依序為〔第1宮宮主星＞座落於第1宮的行星＞與第1宮形成相映的行星〕。你的哪種體質最為強勁？試著確認行星類型與第一體質的特徵吧！

▶ ▶ ▶

● 我具備強烈的

_____

_____

特質。

**Point 2**

第1宮的宮主星或座落行星、形成相映造成影響的行星為何？分別檢視這些行星的特質。

▶ ▶ ▶

● 我的特質是

_____

_____ 。

從天宮圖診斷體質終究只是其中一種技巧，請注意並不是僅能靠這種方式來自我判斷體質。人體是非常複雜的，為了診斷出正確的體質，請配合運用阿育吠陀專業方式的問診或脈診。

# 靠印度占星學
# 稍微體驗醒悟

　　我以前曾為了世界上所發生的貧困、階級差距、環境問題等事感到悲傷或憤慨。然而，就在我持續解讀許多天宮圖的某一天，我在某個瞬間突然驚覺，彷彿獲得了人生之光。

　　「地球上雖然有著各式各樣的問題，但一切都是維持現況就好。」、「世界上存在著某種以我們的意識無法完全理解的龐大意志，這一切全是為了讓靈魂成長，而按照宇宙的壯闊計畫在進行著。」

　　當我接受這一點的一瞬間，在我內心的糾葛平息，心情就此平靜了下來。自那時起，我就再也不會感到悲傷或憤慨，而是一邊珍惜著充滿愛或感謝的積極心情，同時以自己所能辦到的渺小行動為地球作出貢獻了。

# 十二星座徵象一覽

| | | 徵象 |
|---|---|---|
| 白羊座 | 特質、能力 | 熱情、勇敢、有自信、自由、大膽、行動敏捷、直覺、冒險、野心、挑戰、強而有力、熱衷、好奇心、開朗、積極、開拓、樂天派、直率、好勝、想成為第一、戰鬥、好奇心旺盛、領袖、運動神經佳、邏輯性／有策略／科學性思考、運用工具／機械／交通工具／刀具的能力、生存、喜歡移動或旅行、影響他人、魯莽、天真爛漫 |
| | 興趣、工作 | 展開新事物、尖端領域、創業家、科學、技術、機械、車輛、司機、駕駛員、計程車或卡車等的駕駛、旅行、木匠、運動、格鬥技、武術、警察、消防、戰士、料理、理髮、法律專家、自營業、自由業者 |
| | 需要注意之處 | 憤怒、嫉妒、魯莽且危險的行為、批判性、攻擊性、衝動性、性急、頑固、遲鈍、韌性、容易失敗 |
| 金牛座 | 特質、能力 | 有耐性、努力者、穩定、善於交際、物質上的、和諧的、悠閒、穩重、深厚愛情、溫和、意志堅定、舒適且愉快的事物、保守、喜愛藝術或音樂、追求穩定、累積財富、奢侈、審美觀、美食、耐心、有毅力、出色的美感、優秀的音感及歌唱能力、療癒的聲音、兼具美感的手藝、性魅力 |
| | 興趣、工作 | 音樂、歌曲、藝術、照片、影像、甜點、設計、時尚、香水、芳療、化妝品、珠寶、農業、鄉村生活、庭園造景、雜貨店、飲食、療癒、自然、地球環境、接待客人、建築／技能／手工藝／陶藝、遊樂園、畜牧業、侍酒師、放鬆、按摩、金融、銀行、資產形成、理財規畫師 |
| | 需要注意之處 | 缺乏創造性、沉溺享樂、固執、容易流於刻板、占有欲、懶惰鬼、消極被動 |
| 雙子座 | 特質、能力 | 智慧、分析、邏輯、開朗、健談、活潑、善於交際、適應能力、多才多藝、足智多謀、活潑、靈活、求知慾旺盛、見多識廣、好奇心、善於表達、兩種心與思考、與語言相關的一切事物、溝通能力、優秀的記憶力、高度語言能力、情報蒐集能力、情報傳播能力、邏輯思考能力、數學能力、寫作能力、電腦 |
| | 興趣、工作 | 大眾媒體／書籍／網路、出版、口譯、翻譯、演講、廣告、主播、記者、圖書館、祕書、旅行、經營管理、仲介、業務、學者、顧問、程式設計師、資訊處理、網路生意、資訊商品、股票投資、流行最尖端 |
| | 需要注意之處 | 見異思遷、坐立不安、喜歡探索、神經質、聒噪、半吊子、心血來潮、表裡不一、騙子、三分鐘熱度 |

| | | 徵象 |
|---|---|---|
| 巨蟹座 | 特質、能力 | 感受力強、想像力豐富、同情心、親切、同理心、溫暖、保護本能、愛照顧人、母愛、親情、深思熟慮、獨立、謹慎小心、勤懇的行動、容易寂寞、容易害羞、出色的記憶力、喜歡旅行、經濟觀念佳、浪漫、培育孩子或動植物、下廚／洗衣服／打掃等家庭主婦的能力、療癒人心、重視家庭／社區／國家的連繫 |
| | 興趣、工作 | 女傭、飲食、農業、庭園造景、動物、花卉、看護、飯店、教育、歷史、心理諮商師、房屋或不動產、酒、接待客人、幼兒園、與水或海洋相關的職務、發揮想像力或感性的藝術／音樂／文學才華、政治家、管理者、園藝、小説家、編劇、清潔業、洗衣店、博物館 |
| | 需要注意之處 | 愛操心、神經過敏、陰晴不定、歇斯底里、容易欣喜若狂、欠缺邏輯的混亂情感、發牢騷 |
| 獅子座 | 特質、能力 | 威嚴、高傲、純真、寬大、開朗、哲學、自由、慷慨、熱情、創造力、優秀的組織者、領袖、光明正大、正義感強烈、追尋夢想、大方、好受矚目、喜歡遊玩、誇張、華麗、父性、值得信賴、統治、大局觀、未來志向、創造願景、政治能力、數學能力、娛樂或取悦他人、運動能力強、演技能力、簡報能力、藝人、投資、戲劇性 |
| | 興趣、工作 | 戲劇、表演藝術、偶像、休閒、音樂、活動、藝術、漫畫、相聲、公務、管理、政府機構、市民活動、政治、運動、不動產、珠寶飾品、貴金屬、地產、珠寶、貴金屬、製片、演員、導演 |
| | 需要注意之處 | 傲慢無禮、施恩圖報、自我表現欲、自負、仗勢欺人、孤芳自賞、揮霍浪費、穿新衣的國王、狂妄、統治支配、孤獨 |
| 處女座 | 特質、能力 | 記憶力佳、細膩、頭腦清晰、冷靜、純情、一絲不苟、謹慎、體貼、聰明、容易害羞、拘謹、重視秩序、愛乾淨、愛照顧人、求知慾旺盛且好學、鑑別能力、分析能力、實踐型、喜歡迅速變化、充滿朝氣、向學心強烈、實務能力、祕書能力、細心而正確、精明且感覺纖細的工匠風格、完美主義、商業頭腦、資訊統整、會計能力 |
| | 興趣、工作 | 醫療、療癒、經營管理、文書事務、祕書、教育、評論家、專家、研究人員、衛生管理、諮詢、學者、技術人員、記者、商業、具專業證照之職業、製造、工匠、企業家、健康、整型美容、東方醫學、預防醫學、飲食療法 |
| | 需要注意之處 | 批判性、愛操心、過於挑剔、意志力薄弱、神經質、嚴重潔癖、因循守舊、缺乏想像力、忽視大局、缺乏自信 |

# 十二星座徵象一覽

| | | 徵象 |
|---|---|---|
| **天秤座** | 特質、能力 | 溝通能力強、和藹可親、柔和、柔軟、懂事理、不慌不忙、愛、協調、想像力豐富、公正、冷靜、溫柔、不與人相爭、優雅、高雅、理想主義、外向、騎牆派、溫和、舒適的生活、都市型品味、和平主義、性魅力、演技、出色的美感、時尚、社交能力、談判能力、待客能力、平衡思考、藝術才華、優雅且迷人的外表 |
| | 興趣、工作 | 戀愛、異性關係、婚禮、派對、演藝圈、戲劇、演員、業務、音樂家、藝術家、政治家、商業買賣、美容美體、服務業、時尚、美容、模特兒、法官、律師、調解委員 |
| | 需要注意之處 | 優柔寡斷、見異思遷、八面玲瓏、容易受影響、害怕孤獨、缺乏主見、花花公子、愛慕虛榮 |
| **天蠍座** | 特質、能力 | 強烈的目標意識、想像力、情感深厚、深情、澈底、不屈不撓的精神、堅定意志、堅韌不懈、專注力、看穿本質的驚人洞察力、決心、根本的改革能力、靈感、直覺、出色的運動能力、專注於一件事上、爭鬥、研究、對神祕事物感興趣、深入研究心理、肉慾、爭鬥、料想最糟糕的事態、科學性思考、生與死、危機管理能力、領袖魅力 |
| | 興趣、工作 | 與水相關的事物、運動、居酒屋、占卜、神祕學、精神世界、與人的生死相關的事物、保險、葬儀、墳墓、化學、藥劑、外科醫師、警察、譚崔（tantra）、密宗、魔法、格鬥技、軍人、刑警、偵探、探尋世界底層或祕密的事物、危機管理、核電產業、性產業、精神分析醫師、間諜、生物技術、特種行業 |
| | 需要注意之處 | 固執、執拗心重、嫉妒心強、臆測、容易憤慨、多疑、愛諷刺人、激進、獨裁者、冷酷、復仇 |
| **人馬座** | 特質、能力 | 朝氣蓬勃、開朗、樂天派、野心、志向遠大、熱情、大膽、充滿自信、正義感、直覺、描繪夢想或願景、勇敢、誠實、開放的、適應力、決定力、哲學性、自由奔放、坦率、上進心、擴張發展性思考、理想主義者、視野遼闊、喜歡旅行、推廣好事物、運動能力強、投資、冒險、宗教性、信仰心、想了解宇宙或自然的法則、領導能力 |
| | 興趣、工作 | 教師、演講、科學、政治家、律師、法律、運動、追求真理、精神世界、自我啟發、宗教家、股票投資、銀行、部長、占星術、廣告、賽馬、冒險家、軍人、士兵、思想家、思想領袖、企畫、業務、冒險家、旅行社、領隊、駕駛員，空服員、外交官、大使館、國際型飯店、外資企業 |
| | 需要注意之處 | 激進、小題大作、坐立難安、盲目的樂天派、反覆無常、誇張自身特質、一擲千金、賭性堅強 |

| | | 徵象 |
|---|---|---|
| 摩羯座 | 特質、能力 | 深思熟慮、謹守紀律、重視派得上用場的實用性、仔細思考且迅速下決定、冷靜、耐心、合理性、保守、正直、誠實、勤勉、深受信任、事物繁重、忍耐力、謹慎、專注力、責任感、哲學性、計畫力、野心、組織能力、實踐力、重視效率、流程化、重視傳統、節儉的人、現實、體系化或組織化、完美主義、喜歡研究、手很巧 |
| | 興趣、工作 | 商業、管理、公務員、政治、商業流程化、組織化、程序化、時間管理、諮詢、技術、建築、礦山、採礦、整脊、整復中心、傳統事物、園藝、製造、工匠、木匠、歷史、研究 |
| | 需要注意之處 | 自我否定、不安、沒有自信、過於一板一眼、悲觀、自私自利、盤算、膽小、沒有發展性、努力過度 |
| 水瓶座 | 特質、能力 | 自由、平等、博愛、友善、獨立心、視野遼闊、爽朗隨和、深入理解人性、深思熟慮、愛著人類、靈感、道德上、人道的、擅於社交、進步、前衛、古怪、待人和氣、自我犧牲、獨創性、發明才華、改革精神、邏輯性、反體制、推理能力、理想主義、慈善、精神性、尖端領域、科學技術、神祕思想、物理學 |
| | 興趣、工作 | 福利、慈善事業、建築、醫師、航運業、公務員、諮詢、製造業、宗教、哲學、東方思想、東方醫學、和平、神職人員、非政府組織、演員、電腦、占星術、政府機構、國際機構、聯合國、NPO、NGO、電子力學、航空、太空開發、設計師、前衛藝術家、著述事業、專欄作家 |
| | 需要注意之處 | 奇特的人、怪人、超乎常識、與眾不同的行動、反抗、死板不變通、剛愎倔強、冷淡 |
| 雙魚座 | 特質、能力 | 深情、單純、同情心、情感豐富、同理心、健忘、療癒系、犧牲奉獻、與他人之間的界限模糊、怕寂寞、適應力、樂於助人、仁慈、接受度、包容力、自我犧牲、浪漫主義者、想像力豐富、感受性強、愛作夢、慈善的、靈性、感受氣或能量的能力、與宇宙或高次元靈界連繫的能力、喜歡占卜、HSP（高敏感族群） |
| | 興趣、工作 | 福利、療癒、治癒、發揮想像力的藝術、治療法、動畫、特種行業、酒、侍酒師、圖書館、博物館、通靈、巫女、薩滿、舞蹈、作家、奇幻、漁業、文章、詩、文學、電影、助人的行業、護理師、水或液體、海洋相關的工作、造酒、石油、石油相關事業、船舶、水族館、漁夫 |
| | 需要注意之處 | 曖昧模糊、自我中心、粗心大意、容易混亂、缺乏決心、意志薄弱、非現實的、嫉妒、天真、依賴、受騙 |

# 行星徵象一覽

| | | 徵象 |
|---|---|---|
| 太陽 | 特質、能力 | 熱情的、朝氣蓬勃、精神純真、開朗、正義感強烈、創造性、仁慈、領袖、勇敢、有威嚴、高傲、寬容、體能強勁有活力、父性的、忍耐痛苦或恐懼的精神力、喜愛遊玩、喜歡讓人高興、崇高地位 |
| | 興趣、工作 | 公眾活動、公務、未來願景、領導能力、社會貢獻活動、管理、政治、經濟、貨幣、貴金屬、珠寶、大眾藝術、受到眾人矚目的娛樂、演藝、歌曲、音樂、喜劇、戲劇、電影、漫畫、魔術、馬戲團、宇宙法則、科學、數學、物理學、宇宙真理、哲學、倫理道德、正義、宗教、經濟學、經營學、宣傳、金工師、稅務官員、造幣人員 |
| | 需要注意之處 | 自我表現欲、自我中心、執著於權力、虛榮心、傲慢、自私自利、控制欲、驕傲自大 |
| 水星 | 特質、能力 | 博學、知識學習、專業知識、健談、記憶力強、好奇心或求知慾旺盛、情報通、雄辯、冷靜、理性的、邏輯性、合理的、足智多謀、敏捷、多才多藝、反覆無常、出色的語言能力或溝通能力、分析力強、數值或資料處理能力 |
| | 興趣、工作 | 演講、文章、文法、貿易、商業、蒐集與傳播資訊、通訊、大眾媒體、新聞、電視、撰稿、主持人、主播、報紙、記者、網路、郵件、知識或雜學、書籍、著述作者、口譯、編輯、教育、學者、研究、專家、資訊處理、資料、程式設計師、推銷員、商人、事務、會計、稅務、祕書、速記、文具、印刷相關、移動、巴士、鐵路、計程車、人文科學、經書典籍知識、寺院、天文學、占星術、雕刻家 |
| | 需要注意之處 | 過度邏輯性、偏重知識、喜歡探索、神經質、欠缺一致性、強詞奪理、坐立不安 |
| 金星 | 特質、能力 | 穩重、感性豐富、深情、華麗、善於交際、幽默、和諧、和平、與人相處融洽、容易親近、受歡迎之人、高雅、優美、時尚、性魅力、良知、出色的審美觀、藝術才華、浪漫、喜歡感官享受、豐富而舒適的生活、待客或溝通能力、療癒 |
| | 興趣、工作 | 時尚、刺繡、愛情故事、化妝、珠寶、裝飾品、造型、與人溝通、接待客人、娛樂、遊玩、遊樂園、遊樂、飯店、飲食、美食、咖啡廳、文化事物、藝術、音樂、文學、詩、設計、攝影、建築、CG、電影、編劇、作曲、歌手、偶像、演藝圈、室內裝飾、美容、模特兒、戀愛、婚禮、伴侶諮商、芳療、香水、交通工具、水下運動、金錢、特種行業、色情業、聖歌隊、牛或馬等大型動物、銀 |
| | 需要注意之處 | 怠惰、沉溺於欲望、善妒、好色、奢侈、愛慕虛榮、八面玲瓏、揮霍浪費 |

| | | 徵象 |
|---|---|---|
| 月亮 | 特質、能力 | 重視內心連繫、表情豐富、善解人意、情感豐富、富感性、優美、美麗、內向、慎重、沉穩、拘謹、溫和、親切、母愛、溫柔、同理心、深情、感受性高、細膩、順從、幽默、接受度、家庭的 |
| | 興趣、工作 | 下廚作菜、餐館、麵包店、居酒屋、咖啡廳、打掃、洗衣服、清潔業、培育動植物、農業、園藝、庭園造景、畜牧業、水產類（珍珠、珊瑚、海藻、魚類）、航海員、漁夫、魚店、寵物、時尚、服飾、化妝品、裝飾品、灌注愛情、諮商、治療法、看護、養育孩子、幼兒園、小學、玩具、家庭或社區的連繫、管理者、政治家、舒適的生活、房屋、不動產、旅行相關、面對大眾的工作、接生員、婦產科、旅館、飯店 |
| | 需要注意之處 | 歇斯底里、反覆無常、愛操心、精神不穩定、嫉妒、依賴性、排他性 |
| 火星 | 特質、能力 | 勇敢、挑戰精神、積極進取、高傲、忍耐痛苦或恐懼的精神力、討厭失敗、行動的、熱情、強而有力、挑戰、鬥志旺盛、生存能力、運動能力高、強韌身體、專注力高、自我主張強烈、管理能力、有毅力、不放棄、領導能力、野性的、機械或工具、擅長使用武器、科學性思考、戰略性、戰鬥 |
| | 興趣、工作 | 挑戰、創業、經濟、管理職、科學、技術、化學、藥劑、機械、機修工、鐘錶匠、廚師、木匠、建築相關、不動產、驚悚或刺激、運動、健身房、戶外、駕駛交通工具、汽車、飛機、船隻、巴士、駕駛員、醫師、武術、格鬥技、警察、消防、救援、國防相關、自衛隊、軍人、武器製造、理髮、金工、肉舖、間諜 |
| | 需要注意之處 | 弱肉強食、控制欲或占有欲強烈、急躁、攻擊性、賭博、辛辣、不誠實、力量就是正義、善妒、傲慢 |
| 木星 | 特質、能力 | 朝氣蓬勃、積極、誠實善良、樂天派、清高、寬容、親切、光明正大、正義感強烈、自尊心、慈悲、自由、擴大或擴張、發展、援助、教育、慶典、祭神儀式、精神性、智慧、倫理的、雄辯、信仰心、理想主義、面向未來、哲學觀 |
| | 興趣、工作 | 宇宙真理、神祇、哲學、佛教、道德、倫理、宗教、僧侶、神官、牧師、祭司、宇宙法則、自然科學、天文學、占星術、善惡、法律、律師、法官、司法、教育或建議、諮詢、部長、諮商、社會活動家、慈善活動、投資、銀行、金融、文學、歷史、梵語（古印度語言）、人文科學、曼怛羅（真言）、學習古典、經書典籍 |
| | 需要注意之處 | 過度擴張或樂觀的思考、誇大妄想、怠惰、浪費成癮、沒有一致性、誇張或狂熱、敷衍馬虎、賭博成癮 |

# 行星徵象一覽

| | | 徵象 |
|---|---|---|
| **土星** | 特質、能力 | 努力、忍耐、深思熟慮、現實的、慎重、責任感強烈、禁慾、自制力、勤勉、嚴以律己、謹守紀律、上進心、超然的態度、秩序、有組織的行動、穩定化、內省、系統化、制訂規則、計畫、流程化、效率化、合理化、組織化、化為現實的能力、完美主義、節省、理財、重視傳統 |
| | 興趣、工作 | 傳統、歷史、考古學、農業、建築、土木、政治、法官、諮詢、製造、木匠、工匠、砌磚師傅、陶藝、鞋店、染製品、皮革、配管工、技術、製造業、園丁、礦工、鋼鐵業、死亡、痛苦、心理學、葬禮、公務員、政治家、肉體勞動、重體力的勞動、地下資源、肉舖 |
| | 需要注意之處 | 不安、恐懼、否定、壓抑、悲傷、膽小、消極被動、憂鬱、努力過度、拘泥於框架、自虐、冷淡、無情、多疑、強烈自卑 |
| **天王星** | 特質、能力 | 獨創性、自由奔放、理想主義、博愛精神、直覺、獨特、利他主義、靈光一現、友愛、改革精神、進步的、人道主義的、沒有偏見、非正統、不拘常規、新奇、不因循守舊的改革、古怪反常、超乎常識、與眾不同的行動、叛逆的人、躁進的、粉碎老舊形式 |
| | 興趣、工作 | 宇宙法則、物理學、數學、科學、化學、技術、天文學、占星術、尖端科技、太空工程、量子物理學、電腦、人工智慧、程式設計師、研究者、尖端領域、改革者、革命家、福利、創新、前衛領域、啟蒙家、獨立、柏拉圖式、古物研究、雕刻家 |
| | 需要注意之處 | 反覆無常、缺乏協調性、反抗性、不協調或混沌、剛愎倔強、反社會的、異常 |
| **海王星** | 特質、能力 | 深情、無償的愛、溫柔、纖細、容易受傷、想像力豐富、療癒、靈感、曖昧、包容力、犧牲奉獻、活在當下、藝術上的靈光閃現、接受度、自我犧牲精神、浪漫主義者、靈性的、清濁同流、通靈、愛作夢、幻想或神祕、信仰或信念、搞笑、幽默、服務、靈性、藝術家個性、HSP（高敏感族群） |
| | 興趣、工作 | 音樂、藝術、電影、小說、文學、奇幻、詩、漫畫、雕刻、攝影、設計、畫家、珠寶商、療癒、能量工作、氣功、靈氣、催眠治療、靈媒、巫女、薩滿、通靈者、釀造啤酒、造酒、侍酒師、特種行業、酒舖、小酒館、海洋相關事物、鹽、烏托邦、社會主義、共產主義、聖歌隊、神職人員、形而上學 |
| | 需要注意之處 | 妄想或混亂、逃避現實、過敏、粗心大意、公私混淆、中毒、謊言或幻滅、意志薄弱、受騙、失序 |

| | | 徵象 |
|---|---|---|
| 冥王星 | 特質、能力 | 意志堅定、不屈不撓的精神力、有專注力、強烈的目標意識、具洞察力、衝動的、激情、守口如瓶、澈底改變、絕對的意志、超越、極端、領袖氣質、有毅力、破壞與創造、再生或復活、祖先、核能、祕密主義 |
| | 興趣、工作 | 葬禮、保險、危機管理、瀕死體驗、死後的世界、死亡與重生、醫師、外科醫師、接生員、精神科醫師、靈能力者、陰陽師、靈媒、形而上學、生命的奧祕、性愛、生命科學、生物技術、基因工程、化學、核能、研究者、偵探、刑警、賭命的工作、戰地攝影師、傳達真相的記者、軍人、軍醫、軍事產業、武器製造、癌症、管理顧問 |
| | 需要注意之處 | 強迫觀念、沒有協調性、獨裁、控制、執拗心重、自滅、孤獨、憎恨、壞心眼、傲慢 |
| 羅睺 | 特質、能力 | 善於交際、積極主動、行動性、受歡迎、享樂、物質上、外向、健談、粗魯的話語、精力充沛、充滿創意、創造性、細膩、獨創性、顛覆常識、新奇、改革、外國、異國文化、技術、宇宙 |
| | 興趣、工作 | 發明、藝術家、魔術師、馬戲團、外國相關的貿易、進出口生意、空服員、外語、神祕學、超能力、超奧祕、特種行業、具影響力之人 |
| | 需要注意之處 | 錯誤思考、沉溺於欲望、貪婪、不道德、說謊、自我中心、混亂或辛辣、躁鬱、墮落懶散、狂熱信仰 |
| 計都 | 特質、能力 | 單純、深遠思考、不善交際、靈性、神祕相關知識、內向、沉默寡言、超然的態度、直率、敏銳洞察力、偏門、御宅族、超越自我、禁慾修行、孤獨、自我放棄、神祕力量、靈感、解脫、醒悟、淨化、離欲 |
| | 興趣、工作 | 出家修行者、修驗道的修行者、牧師、修女、靈能力者、瑜珈或冥想修行者、靈性相關、印度哲學、佛教哲學、占星術、阿育吠陀、東方醫學、科學家、考古學家、歷史學家、另類醫學、療癒、醫學、靈氣、氣功、能量工作、技術人員、程式設計師、發明家、間諜、諜報活動、斷食、曼怛羅（真言）、密宗、祕儀、內科醫師、語言學家 |
| | 需要注意之處 | 攻擊性、精神不穩定、缺乏自信、叛逆、自殘、封閉、狹隘的批判、防衛、狂熱信仰 |

# 宮位徵象一覽

| | 徵象 |
|---|---|
| 第1宮 | **主要徵象：本人、特質、能力與職業、身體與健康、體質、家世**<br>・個性、氣質、外在態度或行為、人格面具、人品<br>・才華、思考、知識、智慧、興趣嗜好、工作能力、職業、謀生手段<br>・幸福、內心和平、自尊心<br>・外表、容貌姿態、形象、體格、身體特徵<br>・身體、生命力、體質、體力、健康、疾病、壽命<br>・自我表現、自我實現<br>・威嚴、地位、名譽、名聲、財富、富裕<br>・家世、血統、住宅、出生地、幼兒時期 |
| 第2宮 | **主要徵象：家庭、收入、語言、說話能力、食物、孩提時期的教育**<br>・財產、所得、金錢、財富、資產、儲蓄、累積財產、節省、經濟上或物質上的穩定<br>・靠自己的努力獲得的收入、賺錢方式、維生的工作、家業<br>・語言、真相與謊言、說話能力、演講、雄辯、講座、文筆<br>・臉、嘴、聲音、唱歌<br>・包括寵物或同居人在內的家庭、朋友（支持者）、傭人、親近的弟子<br>・飲食的傾向或喜好、味覺<br>・用錢方式、物質世界的享受、身體上的享樂<br>・學識、教養、孩提時期的教育 |
| 第3宮 | **主要徵象：溝通、自我表現、興趣、弟妹、努力、訓練**<br>・努力、忍耐力、忍耐痛苦或恐懼的精神力、內心穩定、精神不穩定<br>・勇敢、身體強韌、鬥志、競技、運動<br>・智慧、好奇心、學習、才華、初等教育、技術訓練、職業教育<br>・自我表現、興趣、藝術、音樂、舞蹈、表演、文章、文學、執筆<br>・溝通、信件、蒐集與傳播資訊<br>・弟妹、鄰居、近親、朋友、傭人<br>・短期旅行、搬家<br>・愛國心、用餐品質、夢想、理想、悲哀、後悔、惜別<br>・戰鬥時的勇敢、軍隊 |

| 徵象 | |
|---|---|
| 第4宮 | **主要徵象：母親、家庭、內心安定與幸福、住宅、不動產、交通工具**<br>· 孩提時期的家庭環境、母親、母方的親戚<br>· 內心穩定、幸福、心理基礎、潛意識、情感、精神病、心理創傷<br>· 家人、家庭、社區<br>· 包括雙親在內的祖先、祖國、根源、社會階級、家世<br>· 住宅、土地、交通工具、建築物、不動產、財產、服裝<br>· 土地、庭園、田地、農業、果園、農場、有養牛、馬或大象<br>· 知識、基本教育（小學、中學）<br>· 修行道場、寺院<br>· 身旁親近的人、如家人般的朋友<br>· 親密關係、超乎道理的感性上的信任與遵守義務 |
| 第5宮 | **主要徵象：家庭、收入、語言、說話能力、食物、孩提時期的教育**<br>· 主要徵象：創造上的自我表現、學問、教育、孩子、遊玩、戀愛（純愛）<br>· 前世的善業、繁榮、豐盛、幸運、賺錢方式<br>· 鑑別能力、洞察力、直覺、智慧、思考、記憶力、才華、判斷善惡<br>· 學識、高中或大學教育、專科教育<br>· 創造力、創造上的自我表現、藝術、音樂、戲劇、舞蹈、文學、人文科學、哲學、寫書、投資、投機、賭博<br>· 興趣、遊玩、娛樂、休閒、放鬆、遊戲<br>· 孩子、孫子、懷孕、生產<br>· 智慧、聽取並推廣好事、教學能力、弟子、學生<br>· 提升精神或靈性的修行及其成果、真言（曼怛羅）修行<br>· 熱愛神祇並祈禱或犧牲奉獻<br>· 戀愛（純愛）、愛情表現、情事、戀愛、吸引女性的魅力<br>· 透過妻子獲得的事物、妻子的財產、雙親的財產、國王、首相、部長 |
| 第6宮 | **主要徵象：服務、僱傭工作、爭執、競爭、債務、健康、疾病**<br>· 強加的勞動或義務、服務社會、僱傭工作、工作人員、部下、傭人<br>· 晉升、出人頭地、就業<br>· 免費服務、志工<br>· 集中短期的努力、訓練、考試、選舉<br>· 健康、健康管理、疾病、急病、意外、受傷、住院、手術、感染病<br>· 敵人、吵架、爭執、戰鬥、競爭、運動<br>· 反對、審判、口角、精神上的苦惱、入獄、監禁<br>· 債務、損失、遺失、失望、傷害、中傷或誹謗、內心動搖或激動、公開羞辱 |

# 宮位徵象一覽

| | 徵象 |
|---|---|
| 第7宮 | **主要徵象：戀愛、婚姻、配偶、人際關係、工作夥伴**<br>・人際關係、社交能力、他人對自己的第一印象<br>・戀愛、性伴侶、婚姻、配偶、情人或配偶的特質<br>・強烈的性慾或激情、不倫、性愛、祕密的戀愛關係或情事、訴訟<br>・工作夥伴、共同事業、競爭對手、事業合作、同盟<br>・遠方土地、外國、移居國外、旅行<br>・達成崇高地位、社會聲望、發展、出道與引退 |
| 第8宮 | **主要徵象：神祕世界、研究、遺產、苦惱、困難、疾病、不倫**<br>・遺產、遺囑、繼承、壽險、共同財產<br>・投資、不勞而獲的收入、配偶的收入或財產、意料之外的獲益<br>・深度融合、性愛、不倫、劈腿、前世的因緣<br>・死亡與再生、死後的世界、瀕死體驗<br>・神祕知識或體驗、神祕學、精神上（靈性）的研究與達成、隱藏的才華、密教、密宗、瑜珈、冥想、三摩地（三昧）<br>・無意識、心理學、諮商<br>・生命力、慢性病、意外、手術、難治之症、災難、災害、壽命<br>・中斷、障礙、麻煩、降級、開支、金錢或財產損失、破產<br>・意料之外的事件、醜聞、不光彩、敗北、挫折、悽慘、悲傷、苦惱、自殺、破壞、戰爭、黑魔法<br>・不道德、竊盜、宗教或道德上的罪行、邪惡、惡意、不正當、犯罪、陰謀 |
| 第9宮 | **主要徵象：父親、高度學問、高等教育、老師、高度精神性、長期旅行**<br>・前世的善業、幸運、吉兆、名聲與財富<br>・尋求意義、宇宙真理或法則、哲學、形而上學、深度洞察、法律<br>・高度精神性、道德、倫理、正義、清高、懺悔或贖罪的苦行<br>・宗教、信仰心、宗教生活、崇拜、信仰虔誠、禮拜或宗教的學識<br>・高度知識／學問／研究、高等教育、大學、研究所<br>・老師或師父（上師）、與品德高尚者往來、精神上的啟蒙或傳授<br>・靜心、冥想、聖地巡禮、能量場巡禮<br>・推廣好事物、啟蒙活動、出版<br>・探索未知世界、外國或外國文化之旅、長期旅行、出國旅行<br>・仁慈、慈善、慈愛、慈善事業、夢想、幻覺、幻覺體驗<br>・父親、孫子、孩子（子孫）<br>・失業、退休、引退 |

| 徵象 |
|---|

| 第10宮 | **主要徵象：工作、天職、社會地位、成功、使命、社會性活動**<br>· 工作、天職、貢獻社會的工作、使命、天命、畢生事業<br>· 智慧職業、熟練、專業工作<br>· 晉升、成功與崇高的社會地位、世俗的名聲、社會影響力<br>· 權威與威嚴、領導才華<br>· 將嚴肅的宗教性行為視為義務執行<br>· 政治上的力量、政府的崇高地位、行政機關、行政、政府<br>· 父親 |
|---|---|
| 第11宮 | **主要徵象：實現夢想或願望、社會上的評價、收入、兄姊或朋友**<br>· 工作收入、各種利益、定期收入、祖先代代相傳的資產<br>· 實現夢想或願望、社會上的目標、理想、精通學識或教養<br>· 高度評價、勳章、表揚、非凡的崇高地位、上流社會<br>· 支援者、有共同的主義主張或價值觀的朋友、團體、網絡<br>· 兄姊<br>· 疾病痊癒、物質上的享樂、崇拜神祇 |
| 第12宮 | **主要徵象：開支、損失、靈性、放手、捐贈、外國、療癒**<br>· 精神上的痛苦或悲傷、擺脫心理創傷、透過苦惱擺脫苦惱、靈魂療癒、<br>　無意識、療癒、心理學、治療法<br>· 遠離俗世內省的場所、靜養的場所（隱居處）、寺院、修行道場、醫院、<br>　監獄、養護設施、老人之家<br>· 與家人隔離、孤獨、分離<br>· 靈性、精神上的學識、神祕的知識、神祕體驗<br>· 異國土地、留學、外國、移居、出國工作、移民、前往遠處旅行、移居國外<br>· 出家、自我放棄、離欲、隱遁、擺脫束縛、最後解脫、醒悟<br>· 開支、損失、償還債務、財產損失（浪費）、喪失權威或權限<br>· 放下執著、捐贈、斷捨離<br>· 喪偶、離婚、死別<br>· 床笫之樂、寢室、劈腿、不倫<br>· 失眠、身體疾病、住院<br>· 邪惡、惡意、不正當、犯罪手段或詐欺行徑<br>· 入獄或監禁、醜聞、隱藏的敵人 |

## 關鍵詞辭典

將印度占星學中常用的詞彙以五十音順序排列，並解說其語源或含義。

### 阿育吠陀

擁有約五千年歷史的印度傳統醫學。為世界三大傳統醫學之一，與中國醫學、尤那尼醫學（阿拉伯、伊斯蘭醫學）並稱。

### 相映

意指行星對處於特定位置關係的宮位，以及座落於該宮位的行星造成影響。在印度占星學中，相映以「星座＝宮位」為單位。

### 上升點

意指出生瞬間，東方地平線與黃道（太陽軌道）相交的點。又稱ASC、上升宮、上升星座。

### 歲差

意指迴歸黃道與恆星黃道兩種天文座標之間產生的差異（角度差）。

### 利

為吠陀所記述的人生四大目的之一。意指為了達成使命需要獲得的「安全、安心、財富」。

### 次要大運

在具代表性的預測未來技法「百二大運」中，代表其中以幾年為一單位的週期。用於檢視中短期長度的運勢。

### 醫療占星術

印度占星學中的醫療領域，透過占星術解讀身心健康。

### 風型

根據五大元素平衡，分為三種的「體質」之一。風型為運動的能量，由風與空元素構成。

### 百二大運

用於預測未來的眾多大運系統中，最為主流的系統。此外還有賈密尼系統、尤吉尼系統等。

### 吠陀

自西元前一千年至西元前五百年左右，於印度集結而成的聖典。長時間以口傳方式傳承，並隨著文字發展而編纂成書籍。

### 欲

為吠陀所記述的人生四大目的之一。意指透過五感滿足「欲望」這種情感、感覺上的幸福。

### 水型

根據五大元素平衡，分為三種的「體質」之一。水型為凝聚的能量，由水與土元素構成。

### 業

日文中代表「行為」一詞的用語。意指一切身、口、意（所為、所言、所想），並被認為是靈魂輪迴轉世的原因。

### 吉星

意指天生帶來良好影響的行星。在印度占星學中為木星、金星、水星、月亮。

### 凶星

意指天生帶來不良影響的行星。在印度占星學中為土星、火星、太陽、羅睺、計都。土星外行星的天王星、海王星、冥王星也被歸類為凶星。

### 凶宮

意指第3、6、11宮。有凶星座落於此，就會發揮正向作用；吉星座落於此則會失去正向作用的宮位。

### 三性質

意指構成內心基礎的生命能量，心靈的特質。為純質、激質、闇質三種性質的統稱。

**計都**
意指黃道（太陽軌道）與白道（月亮軌道）的兩交點中，月亮從北往南橫切過黃道的交點。等同於西洋占星術的龍尾、南交點。

**弱宮**
意指會令行星能量減到最弱的星座位置。

**始宮**
意指第1、4、7、10宮。為吉星及凶星座落於此，都會發揮強烈影響力的宮位。

**旺宮**
意指會令行星能量變得最強，帶來勇氣或崇高地位的星座位置。

**會合**
兩個以上的行星座落於同一宮位（星座）的組合。不同於西洋占星術，在印度占星學中是以宮位（星座）為單位基準。

**組合**
為連結行星、宮位、星座的特定規則。主要分為星座互容、會合、相映、座落四種。

**恆星黃道**
為印度占星學中所使用的星座系統。以白羊座的位置為基準決定十二星座的方式。

**座落**
意指行星位於特定宮位或星座。藉由行星座落於特定宮位，使得該宮位與座落行星所主管的宮位產生連結。

**純質**
為內心基礎能量（三性質）之一。又稱悅性，為精神面帶來愛情或溫柔等，具有調整體質平衡的功效。

**主管行星**
意指主管星座或宮位的行星。在印度占星學中使用的九顆行星中，除了羅睺與計都外的七顆行星都擁有各自既定的主管星座。

**本命**
印度占星學會根據占卜對象或目的分為五個領域，「本命」一般意指其中占卜個人運勢之事。

**自由意志**
意指不受外在因素（強迫、控制、限制等）影響，能主動選擇一切行為（所想、所言、所為）的意志狀態。

**徵象**
象意指「形象」，是以世間萬物或自然現象的詞彙，來比喻行星或宮位所代表的含義。

**印度占星學（Jyotish）**
在梵語中，意指「光之科學」、「光之知識」，意指印度占星學。

**星座互容**
意指兩個星座的主管行星互相交換的組合。在西洋占星術中稱作互容。

**大運（大運系統）**
意指使用將行星或星座劃分期間的週期，預測出生星盤上代表的業（傾向、特徵）會於人生的哪個時期顯現的技法。

**闇質**
為內心基礎能量（三性質）之一。又稱惰性。一旦增加就會變得怠惰，精神活動停滯，導致肉體上的水型增強。

**法**
為吠陀所記述的人生四大目的之一。意指藉由學習並實踐精神上、宗教上的教誨，進而領會宇宙中的普遍「法則」。

**主管星座**

意指行星座落於自己主管的星座中。當行星座落於主管星座時，會獲得良好結果多於壞的結果。

**體質**

意指推動身體的生命能量，身體的特質。在梵語中，意指「不純的事物」、「容易增加的事物」或「體液」。

**困難宮**

意指第6、8、12宮。為會將主管該宮位的行星及座落於此的行星都化為凶星的宮位。

**土星外行星**

一般而言，會如此稱呼土星外側公轉的天王星、海王星、冥王星這三顆行星。

**三方宮**

意指第1、5、9宮。為會將主管該宮位的行星及座落於此的行星都化為吉星的宮位。

**迴歸黃道**

為現代西洋占星術中所使用的星座系統。以太陽於春分瞬間所在的位置（春分點）作為白羊座的0度，以此為基準決定十二星座的方式。

**二十七星宿**

意指將天空分為二十七區塊的星宿。由於對應月亮的公轉週期（約27天），在重視月亮的印度占星學中是重要的概念之一。

**宮位**

為將人類從出生到死亡所體驗的主題分為十二個房間（宮位）的概念。將

以出生時刻決定的上升點所在星座作為第1宮。

**火型**

根據五大元素平衡，分為三種的「體質」之一。火型為轉變的能量，由火與水元素構成。

**天宮圖**

投影了出生瞬間的天體配置平面圖。又稱出生星盤，在印度占星學中稱作昆達里尼或星座。

**主要大運**

在具代表性的預測未來技法「百二大運」中，代表十年單位的週期。用於檢視長期長度的運勢。

**三方旺宮**

為僅次於旺宮，行星能發揮力量的位置。意指兩顆主管行星之一，落於其中一方星座中的特定度數範圍內（月亮除外）。

**解脫**

為吠陀所記述的人生四大目的之一。意指為了達到人生的最後目的「開悟、解脫」，而努力放下一切執著。

**行星組合**

為代表行星或宮位的特定連結的用語。在梵語中，意指「連繫」、「結合」等意思，與冥想或瑜珈動作出自相同語源。

**羅睺**

意指黃道（太陽軌道）與白道（月亮軌道）的兩交點中，月亮從南往北橫切過黃道的交點。等同於西洋占星術的龍頭、北交點。

### 上升星座

意指上升點所在位置（第1宮）。此
外，月亮落入的星座亦會稱作月亮
星座。

### 激質

為內心基礎能量（三性質）之一。又
稱動性或激性。一旦增加就會變得
活躍，亦代表憤怒的情感。會導致風
型、火型增強。

### 輪迴轉世

為古印度的生死觀，認為擁有生命
的事物（靈魂）會一再投胎，轉世重
生。以形容車輪軌跡的中文字「輪
迴」來形容一再轉世。

### K·納拉揚·拉奧

在近代世界推廣自古傳承至今的印度
占星學，並將其統整為學問體系的占
星術師。創辦了全世界最大的占星學
校（Bharatiya Vidya Bhawan）。

## 結語

各位覺得如何？是否獲得了「像自己」或活出人生目的的覺察了呢？

由於印度占星學有時在顯示事件發生的時機上過於明確，甚至會令人感覺到恐懼或糾葛。然而，藉由跨越此事，接納「原原本本」的人生，才能獲得真正的內心平靜。

不過，如果因為不安或恐懼而依賴占星學，反而會對我們帶來「害處」。占星術雖然會為你提供指引人生的提示，卻不會直接給你人生的答案。

占星術是一項工具，讓你從在地球上的體驗中培養愛與智慧，並找出符合自己的幸福人生方向。

學習宇宙星辰的睿智，是人生的一大樂事。如果覺得有趣，請務必進一步繼續學習。祈禱你的心能充滿如太陽般溫暖的光芒與感謝。

願世間萬物都能幸福。

星慧學研究室主持人

村上幹智雄　　－ **幹智雄** －

## 村上幹智雄

星慧學研究所主持人。一九七八年出生。畢業於東京工業高等專校，擔任技術人員兩年後辭職。之後以背包客身分於印度旅行，邂逅瑜珈哲學、內觀（Vipassana）及印度占星學，開始學習精神世界。自二〇一二年開始教授印度占星學，聽講者超過一千兩百人。體悟「我們誕生的意義或靈魂目的」，教授「活出幸福人生的智慧」的占星術。其中又以天職或使命、商務，及以治療師為對象的心理、醫療占星術為核心主題。不僅是知曉命運，還為了親自實踐以改變人生，而學習指導、培育、純粹倫理等內容、整合性地理解宇宙法則，持續深究生存的智慧。

# 印度占星學

出　　　　版／楓葉社文化事業有限公司
地　　　　址／新北市板橋區信義路163巷3號10樓
郵 政 劃 撥／19907596　楓書坊文化出版社
網　　　　址／www.maplebook.com.tw
電　　　　話／02-2957-6096
傳　　　　真／02-2957-6435
作　　　　者／村上幹智雄
審　　　　定／陳紅穎
翻　　　　譯／Shion
企 劃 編 輯／陳依萱
校　　　　對／周季瀅
港 澳 經 銷／泛華發行代理有限公司
定　　　　價／480元
出 版 日 期／2023年3月

ICHIBAN WAKARIYASUI HAJIMETE NO INDIA SENSEIJUTSU
© 2021 Michiyu Murakami
All rights reserved.
Originally published in Japan by NIHONBUNGEISHA Co., Ltd.,
Chinese (in traditional character only) translation rights arranged with
NIHONBUNGEISHA Co., Ltd., through CREEK & RIVER Co., Ltd.

國家圖書館出版品預行編目資料

印度占星學／村上幹智雄作；Shion譯. --
初版. -- 新北市：楓葉社文化事業有限公司
, 2023.03　　面；　公分

ISBN 978-986-370-512-3（平裝）

1. 占星術

292.22　　　　　　　　　111022485

## 參考文獻

『あなたのための占星術』ダグラス・ブロック、デメトラ・ジョージ 共著／近藤テ留ミ 訳（コスモス・ライブラリー）
『インド占星術の基本体系 I／II』K.S.チャラク著／本多信明 訳（太玄社）
『解説ヨーガ・スートラ』佐保田鶴治 著（平河出版社）
『鏡リュウジの占星術の教科書 I 自分を知る編』鏡リュウジ 著（原書房）
『完全版 心理占星学入門』岡本翔子 著（アスペクト）
『基礎からはじめるインド占星術入門』本多信明 著（説話社）
『最古の占星学―超古代「ヴェーダ文明」が明かす』井岡治彦 著（さんが出版）
『実践インド占星術』本多信明 著（説話社）
『人生を照らす光』ハート・デフォー、ロバート・スヴォボーダ 共著／井岡治彦 訳 Kindle
『新版 インドの生命科学 アーユルヴェーダ』上馬場和夫、西川眞知子 共著（農山漁村文化協会）
『占星術バイブル』ジュディ・ホール 著／加野敬子 訳（産調出版）
『ラオ先生のインド占星術 運命と時輪 上下巻』K. ナラヤン・ラオ 著／大森一 訳（星雲社）
『ラオ先生のやさしいインド占星術 入門編』K. ナラヤン・ラオ、K. アシュ・ラオ 共著／大森一 他訳（星雲社）
『流水りんこのインド占星術は深いぞ～！』流水りんこ 著（主婦と生活社）
『Ayurvedic Astrology』David Frawley 著
（Motilal Banarsidass）

## STAFF

設計　　　市川しなの（Q.design）
封面設計　別府 拓（Q.design）
DTP　　　松田祐加子（有限会社プールグラフィックス）
插畫　　　きじまももこ
執筆協力　高野貴子（ことはかり）
編輯協力　坂尾昌昭、中尾祐子（株式会社G.B.）
協力　　　「アーユルヴェーダライフ」
　　　　　https://www.ayurvedalife.jp/
　　　　　（ホロスコープ作成サイト「インド占星術（ジョーティッシュ）研究プロジェクト」運営元）